如何培养

独立
善良
有力量
的女孩

——高沐滢
宛宁——

著

中国出版集团 现代出版社

图书在版编目（CIP）数据

如何培养独立、善良、有力量的女孩 / 高沐滢, 宛宁著. -- 北京 : 现代出版社, 2019.5

ISBN 978-7-5143-7824-5

Ⅰ.①如… Ⅱ.①高… ②宛… Ⅲ.①女性－家庭教育 Ⅳ.①G78

中国版本图书馆CIP数据核字（2019）第085205号

著　　者	高沐滢　宛　宁
责任编辑	袁　涛
出版发行	现代出版社
地　　址	北京市安定门外安华里504号
邮政编码	100011
电　　话	010-64267325 64245264（传真）
网　　址	www.1980xd.com
电子邮箱	xiandai@cnpitc.com.cn
印　　刷	三河市金泰源印务有限公司
开　　本	880mm×1230mm　1/32
印　　张	8
字　　数	166千字
版次印次	2019年8月第1版　2019年8月第1次印刷
标准书号	ISBN 978-7-5143-7824-5
定　　价	42.00元

CON目 录
TENTS

第一章
女孩更需要温柔呵护：女孩的养育和护理

第九章
女孩,要学会自我保护

第一章

女孩更需要温柔呵护：
女孩的养育和护理

如何照顾好女宝宝

刚开始为人父母，都会有一种无法言喻的喜悦。看着怀中的小公主，新手父母又会有些不知所措，该怎么照顾她呢？

这时孩子的奶奶姥姥七大姑八大姨就要纷纷登场了，每个人都会认为自己"带孩子很有一套"，每个人都会将自己的"经验"强行传授给你，然而，这其中有些老方法虽然代代相传却是错误地"坑"了好几代人的。坚持科学育儿，科学护理，才能让自己安心，让孩子少遭罪。

新生儿常见护理误区

误区：喝葡萄糖水去黄疸

有人认为喝葡萄糖水可以给婴儿去黄疸，其实就是为了增加水分的摄入量，从而完成粪便和尿液的代谢，进而达到退黄疸的效果。但是葡萄糖的吸收过程会增加血糖指数，使体内的能量供给维持在一定范围，喝了葡萄糖影响宝宝吃奶的总量，因此反而影响正常喝奶的新生儿退黄。

正确做法：黄疸分为生理性黄疸和病理性黄疸。生理性黄疸，可以给婴儿多喂奶，多喂水，适当晒太阳，让黄疸自行代谢；病理性黄疸，应立即去医院就诊。

误区：给新生儿绑腿

很多地方都有给新生儿绑腿的习俗，不少老人认为，这样做孩子长大后腿才会又直又长，宝宝被捆为"棍"状还容易入睡和保持安静。其实绑腿阻碍了宝宝腿部的血液循环，强制满足了皮肤触觉压力，容易导致宝宝情绪烦躁、哭闹、没有安全感。

正确做法：给宝宝穿宽松的衣服，让宝宝的腿部活动不受任何限制，父母应该增加抚触和皮肤满足。

误区：一哭就喂奶

很多妈妈认为孩子哭一定是因为饿了，孩子一哭就赶紧喂奶。其实婴儿的哭是有很多种原因的，不一定是饿了才会哭。

新生儿的胃排空的时间在2—2.5小时，如果宝宝一哭家长就喂奶，宝宝的胃很容易被无形中撑大，从而没有胃肠休息的时间，容易造成漾奶、胃肠功能紊乱后的消化不良。

正确做法：根据宝宝月份大小和日常食量，形成有规律的喂奶时间。

误区：把尿比穿纸尿裤好

婴幼儿自主排尿功能随着神经系统、尿道等的发育而逐步完善，在4岁之前孩子都是属于发育阶段，大脑皮层神经发育并未健全。在此之前把尿是强制排尿，通过体位的改变从而形成排尿行为，这样做并不能帮孩子建全自主排尿功能。而且太早把尿，还可能造成肛脱、肛裂、尿频等。

正确做法：给婴儿穿纸尿裤，2岁以前不要把尿，2岁以后可以进行坐便训练。宝宝便便后用纸巾擦拭，温水清洗，纯棉毛巾吸干皮肤表面水分，经常涂抹婴儿护臀膏，可以预防宝宝红屁屁。

误区：给女婴挤乳头排毒

我常常听新手妈妈讨论给女婴挤乳头的事，民间有习俗说女婴要挤乳头，才能防止长大了乳头凹陷。

其实，有些女婴的乳头凹陷是先天性的，成年后乳头内陷也与生长发育有关，跟是否挤奶头没有必然联系。

同时，新生儿受母体内分泌激素，如催产素、孕酮的影响，双侧乳腺肿大与泌乳，在出生后两周左右最为明显，这是常见的生理现象，2—3周可自行消退，不需要治疗。强制挤压乳头可导致细菌侵入或可引起乳腺炎，甚至可进一步发展为败血症，引起严重不良后果。

正确做法：日常抚触要避开对乳头刺激，新生儿出生后1个月如果还出现双侧乳腺肿大和泌乳要及时就医。

女婴私处护理

在护理新生女婴时，至关重要的一步就是对女孩的生殖器官护理。因为新生儿不会自主如厕，排泄物会拉在尿不湿里，加之女孩生殖器官的特殊构造，不像男婴那样是裸露在外的皮肤，而是在身体内部的黏膜组织，一旦疏于护理，会造成感染，危害孩子的身体健康。

因此，父母在这个问题上要多上心，也要做到处理得当：

私处一定要清洗得当

有些妈妈认为女宝宝的外阴皮肤娇嫩，不能过分清洗，清洗了就会破坏自然保护功能，尤其是大阴唇外侧出生后的皮脂垢，认为清洗了容易出现粘连的问题。

也有些妈妈认为给女宝宝清洗用流动的清水冲洗外部就可以了。

其实尿渍（大阴唇和尿道口）、粪渍（肛门环状肌肉）躲在皱褶里，光靠这样的外部冲洗无法清洁到位。所以在清洗时应轻轻扒开阴唇，把里面冲洗干净。

不要等到尿不湿满了再换

干净、清爽、透气的环境是女宝宝阴部最理想的环境，所以尿不湿一定要及时更换，尤其是在高温环境下，最好宝宝排泄一次就换一个纸尿裤，不要心疼那点钱。

不用尿不湿的女宝宝不要穿开裆裤，选择棉质三角形内裤，如果尿湿后务必更换干净内裤，清洗内裤也要与大人的分开，在太阳下晒干。

屁屁从前往后擦

女宝宝的尿道口和肛门很近，极其容易交叉污染，所以女宝宝在大、小便后应从前向后擦拭，即从尿道口擦向肛门方向，不可反向擦拭。避免粪便、尿渍污染外阴。

洁具要与家长分开

女宝宝的洗浴用具应该单独分开，尤其要和妈妈的区分。

否则若妈妈患外阴阴道炎，容易出现交叉感染。女宝要有专用浴盆、浴巾、毛巾、脸盆、洗屁盆、洗内裤盆等，避免用同一个盆又洗屁股又洗内裤。另外，所有洁具要定期晒太阳进行消毒。

选好内裤最重要

为女宝宝选择棉质、宽松的三角形内裤更佳，因为三角形内裤保护的主要是尿道口，而且三角形内裤可以避免摩擦孩子的外阴部，也可以避免活动中擦伤皮肤引发感染。

从小培养女孩的身体隐私观念

孩子没有隐私观念的原因之一是没有建立起正确的性别角色认同。

性别认同，指的是一个人在基本生物学特性上属于男还是女的认知和接受，即理解性别。

1.5—2岁的女孩已经能够分辨出照片上人的性别，然而，她们还不能够确定自己的性别；

2.5—3岁的女孩能够正确地说出自己是男孩还是女孩，但是并不能意识到性别是不变的属性；

3—5岁的女孩还不能理解性别的坚定性，她们甚至会认为一个人只要换一下衣服或是换个发型就能变性；

5—7岁，她们才开始意识到性别的坚定性。

理解男女生理上的差异是在学龄期间，而家庭、学校环境对孩子建立性别角色认同有巨大的影响。

所以家长需要帮助孩子正确认识性，不要因为觉得有趣，或者觉得孩子什么都不懂，而在生活中一次次触犯孩子性教育的底线，给孩子造成对性无意识的错误理解，严重影响孩子健康的性心理发展。

父母请避免以下行为：

▶ 不给女孩穿小内裤

夏天一些家长觉得闷热而不给孩子穿小内裤，这除了不卫生外还容易引起裤子与私处的摩擦，使私处敏感，容易让孩子对私处产生好奇感。

从小给孩子穿适龄的、柔软的内裤，有利于培养孩子对私处保护的意识，让孩子觉得这是不能让别人看见的，是身体的隐私部位。

▶ 不制止女孩在大庭广众之下大小便

其实在公共场合孩子需要大小便时，是对孩子进行性教育最好的机会。

绝大部分家里的卫生间是男女共用的，如果不利用公共场合培养孩子"男孩上男厕，女孩上女厕"的意识，而是选择突破性教育最基础的道德底线行为，那么等到被别人指责的时候，再产生身体隐私的意识，只会让孩子羞愧难当！

▶ 3岁以后依旧和爸爸共浴

爸爸帮女儿洗澡不是不可以，在女孩3岁以前，爸爸和女儿、妈妈和儿子一起洗澡是可以接受的。但建议孩子3岁之后就不要采取这种方式了。

关键是让孩子从小树立性别意识和自我保护意识，像洗澡这种日常生活行为，应由同性别的家长陪伴。女孩由妈妈负责，5岁以上儿童应独立洗澡，家长予以辅助。

建立正确的性别认知

在孩子3岁之后，就应该告诉孩子男女有别。

现在的父母都非常重视孩子的性教育，其实这并不是什么羞于启齿或高深莫测的问题，而应该是顺其自然进行的。

从宝宝小的时候就开始帮助其建立正确的性别意识，认识到自己这个性别的优势和劣势，积极进行引导，这样会对孩子性格和人格的养成都有好处。这其中父母最应当注重的，便是在穿着打扮上做到男女有别。

我的闺密一直希望有个女儿，可惜她生了个儿子，闺密不死心，孩子四五岁了还喜欢给他穿粉色的小裙子，点红脑门，涂指甲油。

时间久了，闺密发现这个孩子的一些行为和审美开始变得很奇怪，于是向我求助。我在了解情况后建议她绝对不能再给孩子做女性化装扮了。

闺密这才意识到自己自私的"恶趣味"居然会对孩子产生严重的影响，于是立马开始给孩子重塑男性审美，衣着打扮上也更多往男子气概的方向改变，所幸闺密的错误行为得到了及时制止和补救，并没有给这个孩子造成更加不好的影响。

男孩如此，女孩亦然！

当女孩发现有些小朋友的衣服和自己差不多，而有些小朋友不一样时，她的小脑袋瓜就会开始思考，从而逐渐产生正确的性别归属感。

女孩需要更多陪伴

0—3岁，请给女孩及时满足

时常听到有父母持这样的观点：

孩子哭的时候不能马上抱，要让他哭一会儿再抱。要什么东西不能马上给，要等一会儿再给，这样才能让孩子学会珍惜。

持这种观点的人，大多会举出著名的"棉花糖实验"的例子。

1968年，心理学家沃尔特·米歇尔（Walter Mischel）在位于美国斯坦福大学的比英幼儿园主持了著名的"棉花糖实验"。

在32名成功参与了实验的孩子中，最小的3岁6个月，最大的5岁8个月。

实验开始时，每个孩子面前都摆着一块棉花糖。孩子们被告知，他们可以马上吃掉这块棉花糖，但是假如能等待一会儿

（15分钟）再吃，就能得到第二块棉花糖。

结果，有些孩子马上把糖吃掉了，有些等了一会儿也吃掉了，有些等待了足够长的时间，得到了第二块棉花糖。

在那之后，先后有600多名孩子参与了这项实验。

18年后，在1988年的跟踪调查获得了意外的发现：当年"能够等待更长时间"的孩子，在青春期的表现更出色。

1990年，第二次跟踪调查的结果提供了更客观的依据：延迟满足能力强的孩子，SAT（美国高考）的成绩更优秀。

2011年，当初参加实验的孩子已经步入中年，他们接受了最新的大脑成像检查，结果发现早年延迟满足能力强的人，大脑前额叶相对更为发达和活跃，而这个区域负责着人类最高级的思考活动。

事实上，很多父母对"棉花糖实验"产生了误读。这个实验的初衷，仅仅是为了考察孩子在几岁能够出现自控能力。

这个"棉花糖试验"还得出了另一个结论：

4岁以下的孩子大多不具备延迟满足的能力，而5岁以上的孩子就明显出现了早期萌芽。

大多数孩子在8—13岁都能发展出相应的延迟满足能力。

对于0—3岁孩子养育的核心，是与延迟满足对应的词：及时满足。

一个初生的婴儿饿了，他只会用哭泣向他的养育者表达对奶水的需求。对于婴儿来讲，这个世界是特别可怕的，不像在妈妈的子宫里那么温暖、安全。

而婴儿来到了这个世界以后，他们最害怕的一件事情就是"死亡"，也就是我们所说的死亡焦虑，孩子从一出生就会有死亡焦虑。

如果没有及时地满足孩子的需求，孩子就会觉得自己有可能会死掉，这种死亡焦虑会在成年后演变成我们所谓的"不安全感"。

如果在婴儿时期，孩子的需求被满足了，他会感受到这个世界是善意的，是好的，于是他就会战胜死亡焦虑——这是家长及时满足的功劳。

家长的及时满足相当于告诉孩子"这个世界是好的，只要你需要，这个世界就会满足你，你也是好的"，这也是这个时期的及时满足如此重要的原因。

如果在这个时期不能及时地给孩子他想要的东西，孩子就会产生绝望感，这不仅仅会让孩子无法建立很好的依恋关系，还很可能造成孩子成年后人格的缺失。

3岁前的及时满足，能够让孩子学习认知情绪和建立良好的情绪管理能力，在四五岁之后，建立规则限制孩子的不当行为就不再是困难的事。

当你及时并温柔地回应你初生的女宝宝，她会觉得这个世界是安全并温暖的；当她遭遇困难和挫折时，你的关注对她而言十分重要。

在孩子眼里，比失败和疼痛更可怕的是孤独。

高质量陪伴，是教育的基础

孩子小的时候，父母们永远是围绕着孩子的各种需求在忙碌。慢慢地，孩子长大一些，到了学龄阶段，父母又更多地关注教育问题，陪伴这件事总是容易被忽略。

其实，教育是由陪伴获得的一种引导方向，因为没有陪伴作为基础，就没有信任，没有默契，没有情感，没有交流。

安全依恋的成长环境、高质量陪伴的共存互动需要什么？

一是父母双方的共同陪伴；二是高质量的陪伴。

陪伴中我们要向孩子采用言教、身教、境教的互动方式。

言教，就是通过言语对孩子进行引导。

身教，就是身体力行地给孩子做榜样。

境教，就是给孩子创造精神环境和物质环境。

经常会有父母向我求助，说孩子不爱阅读，写作业拖拉，该怎么办？这些求助背后往往有一个共同的现象，就是父母对孩子说："写作业去吧，去，写作业！"然后自己在那儿看电视，玩手机。

这种典型的双重标准会让孩子对"写作业"这件事产生误解："让我听你的话乖乖写作业，你自己却看电视或者玩去了。"进而，这本来应当属于孩子自己的事，变成了像他替父母完成一项任务一样，毫无内驱力，要么敷衍了事，要么磨洋工。

父母的正确做法，不是你"陪"他写作业，而是你拿本书、拿张报纸，坐到孩子旁边和孩子一同进入学习状态，让你和孩子在同一空间、同一时间内的行为有了统一性。如此，陪伴就是身教，你的行为给孩子做了榜样。

陪伴，爸妈各有分工

父母本身是不同的个体，加上各自成长背景的差异，导致双方有不同的教育理念不足为奇。科学的家庭教育不该走极端，只要父母双方恰如其分地融合温暖与控制两个因素，寻觅理想的平衡点，在陪伴孩子的过程中，都能发挥各自的作用。

妈妈的陪伴很重要：

对女孩安全感的构建

妈妈作为孩子的第一位养育者，对女孩的一生的安全感起着至关重要的作用。

我们在带娃的过程中，经常会看到这样一幕：孩子在很专注地玩耍时，会突然抬起头慌乱地找妈妈，当她看到妈妈在身边的时候，就会很安心地继续游戏。妈妈的存在，能为孩子带来独一无二的安全感，让她更有勇气去探索未知的世界。

当孩子的需求得到了妈妈及时的回应，孩子的内心是宁静的，她会确认自己值得被爱，这个世界也是充满爱的。这会对孩子心理发展的完善起到至关重要的作用。

童年缺少母爱的孩子长大后很容易遇到或轻或重的心理问题。

心理学家武志红曾说，几乎所有向他进行心理咨询的人，内心都有一个受伤的小孩，他们潜意识最深处的呼唤是：妈妈，抱抱；他们呼唤妈妈的爱，呼唤妈妈的陪伴。

对女孩性格的影响

从陪伴类型而言，妈妈的陪伴更侧重情感陪伴。

细心的妈妈能在亲子互动中发现女孩的性格特点，从而更加了解孩子的内心和需求，因此孩子也能够向妈妈敞开心扉，拥有融洽的亲子关系。

在和妈妈的共处中，孩子更容易得到理解、重视和爱，个性自然更加平和、乐观、自信，将来即便到了青春期、叛逆期，也不至于让父母大伤脑筋。

妈妈的陪伴更能让女孩子拥有细腻的情感和良好的性格；妈妈对女孩的细致呵护，会让女孩学用同样的细心面对生活中的细枝末节。

对女孩性别认同的影响

3岁后，女孩对父母的性别认同进入了很关键的时期。妈妈的陪伴，能更好地帮助女孩进行性别认同。

在母女互动、相处的过程中，妈妈的生活方式、穿衣打扮风格、说话方式和行为举止，都会对女孩起到示范作用，帮助女孩构建起认同的"女性形象"。

　　脾气暴躁的女孩，后面往往有个同样脾气暴躁的妈妈；知书达理的女孩，背后往往有个娴雅端庄的妈妈；爱干净的女孩，背后往往有个讲究生活细节的妈妈……

　　可以说，你是怎样的，你的女儿就是怎样的。妈妈们要时刻注意自己的言行举止对女孩的影响。

爸爸的陪伴不可或缺：

对生长发育的影响

　　相较于妈妈的轻声细语和温柔爱抚，爸爸与女孩接触的方式通常是大动作的肢体互动，比如举高、追逐等体能游戏，能给宝宝较强的身体刺激，促进宝宝在体重、身高、肢体协调等方面的生长发育。

性格养成的影响

　　孩子的模仿能力是惊人的，而父亲作为女孩生命中第一个权威形象，小到生活习惯，大到行为举止，都会成为女孩的模仿对象。爸爸的好习惯会让女孩耳濡目染、终身受益，而坏习惯也更加容易潜移默化地造成女孩对异性形象的错误认知。

　　由于男女之间的天然差别，父母教育孩子的方式方法都有一定的差异。一般来说，爸爸在动手能力、探索欲望、开阔视野等方面，对孩子的智商、情商有更大的影响。

对女孩性别认同的影响

对于女孩来说，爸爸是生命中第一个异性，对于塑造健康的异性观非常重要。如果幼年时期缺少爸爸的陪伴，女孩会更加胆小，与异性相处时更容易焦虑。

然而大部分中国家庭的爸爸都承担着养家糊口的重任，为了给孩子创造更好的成长条件，爸爸在外面努力赚钱，能够陪伴孩子的时间少之又少。这真是一件十分遗憾的事。

有些父母试图让自己变得全能，不仅要给孩子创造最好的条件，还要给孩子全程陪伴，全天陪伴，什么事都要陪着，搞得自己很累不说，还会让孩子感觉喘不过气来。

过度陪伴往往体现在生活中的各个方面，孩子要拿玩具——"妈妈帮你！"孩子要吃水果——"妈妈喂你！"任何事情，都不需要孩子去思考如何解决。

其实没有大人的干预，女孩的玩耍可以更加自然专注，独立玩耍的过程就是一个"发明"和"破坏"的过程。这个时候，孩子的很多奇思妙想或者难题，都需要她自己去想办法解决，创造性思维往往就是在这种时候产生的。当女孩需要陪伴时，她抬头四下观望，发现父母在不远处关注着她，这就足够了。

如何让女孩顺利学会如厕

有一项对于宝宝的成长来说非常重要的技能，甚至会影响宝宝进入幼儿园，就是自主排便。

尿布或者纸尿裤，都不能一直用下去，宝宝或早或晚都要脱离纸尿裤，学会自主排便。有些爸爸妈妈对此很心急，希望宝宝能尽快学会。

女孩多大能开始进行如厕训练

宝宝接近2岁的时候，家长可以考虑开始进行如厕训练了。

为什么要到这个时期才能开始进行如厕训练呢？

因为在此之前孩子因膀胱发育、肌肉发育和神经系统发育尚未健全，从生理上来说不具备自主控制排便的能力。如果这时候进行"把尿把便"，不仅违背宝宝的意愿和自然发育规律，而且会对宝宝髋关节、肛门括约肌造成一定的不良影响，甚至出现脱肛和抗拒排便。

有的妈妈会说我家女宝30个月了还是不会自主排便，是发育有问题吗？

实际上，妈妈们不必太纠结开始如厕训练的年龄，孩子的年龄相对稍大，如厕训练的成功率也相对较高。如厕训练不等同于以前常说的"把尿把便"，而是以"孩子为主导，自主完成排尿排便的过程"为目标的训练。其中因宝宝的性别、发育、环境、引导方法等因素，完成如厕训练的平均年龄为2岁半左右。

如厕训练，男女有别

宝宝在进行如厕训练中需要模仿对象，只有同性模仿才可能完成姿态相同，也进行了性别的区分。因为男女生理结构的不同，如厕的姿态也不同。

女宝宝应当和妈妈学习蹲坐排尿（便），反之，如果是爸爸带着女儿去进行如厕训练模仿，就有可能让宝宝出现错误的如厕行为。

如厕训练的顺序

宝宝进行如厕训练时，要考虑贴身裤子的变化，需要从

"纸尿裤——拉拉裤——内裤"逐步进行替换。

20—30个月内的宝宝以纸尿裤为主，2—3岁的宝宝以拉拉裤为宜，3—4岁后的宝宝以内裤为主。这样让宝宝逐步适应由厚到薄的触觉差异，同时熟悉"脱"和"提"这两个动作。

如厕训练分3个阶段进行动作学习：

A 穿纸尿裤的阶段

如厕训练过程中需要父母主动帮助宝宝站立脱掉纸尿裤，然后坐在坐便器上。

如厕后帮助宝宝擦屁屁，最后为宝宝穿好纸尿裤。

B 穿拉拉裤的阶段

家长辅助引导宝宝站立，进行脱拉拉裤训练，然后坐在坐便器上。

如厕后帮助宝宝擦屁屁，辅助宝宝提好拉拉裤。

C 穿内裤的阶段

宝宝能独自脱掉内裤，坐在坐便器上。

如厕后辅助引导宝宝自己擦屁屁，宝宝独自提好内裤。

请父母注意，如厕训练中的"脱裤子""坐下""擦屁屁""提裤子"这4个关键动作，需要家长站在宝宝身后，同方向站立，用手握着宝宝的小手进行同步动作。如果家长和宝宝是面对面站立进行动作引导，由于宝宝的方向和发力习惯和家长是相反的，宝宝可能不会有动作记忆，就会延长学习时间，不易获得很好的学习效果。

如厕训练的时间

按季节：

如厕训练最佳的季节是夏季开始，持续到次年春季结束。

如厕训练不是一蹴而就，不是一周、两周、一个月、两个月就能完成的，爸爸妈妈要有耐心。这样的时间跨度，可以让宝宝感知和学习从单一内裤+外裤、内裤+秋裤+外裤到内裤+秋裤+毛裤+外裤这种衣物从少到多、从薄到厚、从易到难的学习和适应。

按时间段：

如厕训练时间以睡醒后、外出前、回家后、吃饭后4个时间段为宜，父母要以提醒为主，不可强制给孩子脱裤子进行如厕。

选择适合女孩的坐便器

适合女孩的坐便器有座椅式儿童马桶和马桶垫圈。

第一阶段骑式儿童马桶：适合20—30个月女孩使用；

第二阶段坐式儿童马桶：适合30个月—4岁女孩使用；

第三阶段马桶垫圈：适合4—6岁女孩使用。

如厕训练中的常见问题

问：我女儿不喜欢使用坐便器怎么办？

答：定时定点。每天睡醒后、外出前带领宝宝进入卫生间坐在坐便器上，让孩子熟悉坐便器。刚开始可以不必脱纸尿裤或内裤，目的是让她知道怎么使用坐便器。

孩子习惯坐在坐便器上后，你就可以取下纸尿裤或脱掉内裤让孩子排便，一旦孩子体验了完成排便的过程，她可能就对正确使用坐便器更有兴趣了。

便后让孩子体验自己冲水，满足她的好奇心和成就感。

问：宝宝32个月，给她讲了关于如厕的绘本，但是宝宝始终排斥坐便器怎么办？

答：排便是生理体验，绘本是引导说明。妈妈如果重说明、轻体验，就会纠结于宝宝排斥坐便器的表现。不妨给宝宝选择不同类型的坐便器试试，以便增加宝宝的不同体验感受，从而容易接受坐便器。

爸爸妈妈要注意，坐便训练器（及小便训练器）只可以放置于卫生间，否则可能会出现随地大小便的问题。

第二章

×

科学喂养，女孩更水灵：

女孩的饮食及健康

肉肉的女孩更健康吗

　　我15岁的侄女最近嚷嚷着减肥，青春期萌动的姑娘，开始重视自己的身材了。可是这个一米六八的大姑娘，体重110斤还觉得自己胖！胖！胖！她家人也觉得苗条些更好。

　　恍然想起她小时候，被她奶奶喂成一个小胖墩，还颇引以为自豪的样子。

　　所以，我一直很不理解这种畸形的审美：小孩一定要胖的好，别管男孩女孩，一定要变成年画里的胖娃娃，家人才安心。

　　可是到了孩子小学阶段甚至青春期，又开始让孩子节食、减肥，天天"瘦"字不离口。

　　其实对于女孩来说，不管在什么阶段，偏胖和偏瘦都不利于健康。

　　下面的两张表格，分别是0—6岁女孩的身高和体重参照表。

表一　身高表格

年龄	月龄	-3SD	-2SD	-1SD	中位数	+1SD	+2SD	+3SD
出生	0	44.7	46.4	48	49.7	51.4	53.2	55
	1	47.9	49.8	51.7	53.7	55.7	57.8	59.9
	2	51.1	53.2	55.3	57.4	59.6	61.8	64.1
	3	54.2	56.3	58.4	60.6	62.8	65.1	67.5
	4	56.7	58.8	61	63.1	65.4	67.7	70
	5	58.6	60.8	62.9	65.2	67.4	69.8	72.1
	6	60.1	62.3	64.5	66.8	69.1	71.5	74
	7	61.3	63.6	65.9	68.2	70.6	73.1	75.6
	8	62.5	65.8	67.2	69.6	72.1	74.7	77.3
	9	63.7	66.1	68.5	71	73.6	76.2	78.9
	10	64.9	67.3	69.8	72.4	75	77.7	80.5
	11	66.1	68.6	71.1	73.7	76.4	79.2	82
1 岁	12	67.2	69.7	72.3	75	77.7	80.5	83.4
	15	70.2	72.9	75.6	78.5	81.4	84.3	87.4
	18	72.8	75.6	78.5	81.5	84.6	87.7	91
	21	75.1	78.1	81.2	84.4	87.7	91.1	94.5
2 岁	24	77.3	80.5	83.8	87.2	90.7	94.3	98
	27	79.3	82.7	86.2	89.8	93.5	97.3	101.2
	30	81.4	84.8	88.4	92.1	95.9	99.8	103.8
	33	83.4	86.9	90.5	94.3	98.1	102	106.1
3 岁	36	85.4	88.9	92.5	96.3	100.1	104.1	108.1
	39	86.6	90.1	93.8	97.5	101.4	105.4	109.4
	42	88.4	91.9	95.6	99.4	103.3	107.2	111.3
	45	90.1	93.7	97.4	101.2	105.1	109.2	113.3
4 岁	48	91.7	95.4	99.2	103.1	107	111.1	115.3
	51	93.2	97	100.9	104.9	109	113.1	117.4
	54	94.8	98.7	102.7	106.7	110.9	115.2	119.5
	57	96.4	100.3	104.4	108.5	112.8	117.1	121.6
5 岁	60	97.8	101.8	106	110.2	114.5	118.9	123.4
	63	99.3	103.4	107.6	111.9	116.2	120.7	125.3
	66	100.7	104.9	109.2	113.5	118	122.6	127.2
	69	102	106.3	110.7	115.2	119.7	124.4	129.1
6 岁	72	103.2	107.6	112	116.6	121.2	126	130.8
	75	104.4	108.8	113.4	118	122.7	127.6	132.5
	78	105.5	110.1	114.7	119.4	124.3	129.2	134.2
	81	106.7	111.4	116.1	121	125.9	130.9	136.1

表二　体重表格

年龄	月龄	-3SD	-2SD	-1SD	中位数	+1SD	+2SD	+3SD
出生	0	2.26	2.54	2.85	3.21	3.63	4.1	4.65
	1	2.98	3.33	3.74	4.2	4.74	5.35	6.05
	2	3.72	4.15	4.65	5.21	5.86	6.6	7.46
	3	4.4	4.9	5.47	6.13	6.87	7.73	8.71
	4	4.93	5.48	6.11	6.83	7.65	8.59	9.66
	5	5.33	5.92	6.59	7.36	8.23	9.23	10.38
	6	5.64	6.26	6.96	7.77	8.68	9.73	10.93
	7	5.9	6.55	7.28	8.11	9.06	10.15	11.4
	8	6.13	6.79	7.55	8.41	9.39	10.51	11.8
	9	6.34	7.03	7.81	8.69	9.7	10.86	12.18
	10	6.53	7.23	8.03	8.94	9.98	11.16	12.52
	11	6.71	7.43	8.25	9.18	10.24	11.46	12.85
1岁	12	6.87	7.61	8.45	9.4	10.48	11.73	13.15
	15	7.34	8.12	9.01	10.02	11.18	12.5	14.02
	18	7.79	8.63	9.57	10.65	11.88	13.29	14.9
	21	8.26	9.15	10.15	11.3	12.61	14.12	15.85
2岁	24	8.7	9.64	10.7	11.92	13.31	14.92	16.77
	27	9.1	10.09	11.21	12.5	13.97	15.67	17.63
	30	9.48	10.52	11.7	13.05	14.6	16.39	18.47
	33	9.86	10.94	12.18	13.59	15.22	17.11	19.29
3岁	36	10.23	11.36	12.65	14.13	15.83	17.81	20.1
	39	10.6	11.77	13.11	14.65	16.43	18.5	20.9
	42	10.95	12.16	13.55	15.16	17.01	19.17	21.69
	45	11.29	12.55	14	15.67	17.6	19.85	22.49
4岁	48	11.62	12.93	14.44	16.17	18.19	20.54	23.3
	51	11.96	13.32	14.88	16.69	18.79	21.25	24.14
	54	12.3	13.71	15.33	17.22	19.42	22	25.04
	57	12.62	14.08	15.78	17.75	20.05	22.75	25.96
5岁	60	12.93	14.44	16.2	18.26	20.66	23.5	26.87
	63	13.23	14.8	16.64	18.78	21.3	24.28	27.84
	66	13.54	15.18	17.09	19.33	21.98	25.12	28.89
	69	13.84	15.54	17.53	19.88	22.65	25.96	29.95
6岁	72	14.11	15.87	17.94	20.37	23.27	26.74	30.94
	75	14.38	16.21	18.35	20.89	23.92	27.57	32
	78	14.66	16.55	18.78	21.44	24.61	28.46	33.14
	81	14.96	16.92	19.25	22.03	25.37	29.42	34.4

【说明："中位数"，表示处于人群的平均水平；如果在"-1sd—中位数—+1sd"即中位数上下一个标准差范围之内，属于"正常范围"，代表了68%的儿童；如果在"（-2sd—-1sd）或者（+1sd—+2sd）"即中位数上下两个标准差范围之内，则定义为"偏矮（高）"，代表了27.4%的儿童；如果在"（-3sd—-2sd）或者（+2sd—+3sd）"即中位数上下三个标准差之内，则定义为"矮（高）"，代表了4.6%的儿童。极少儿童在三个标准差（<-3sd>+3sd）之外（比例小于0.5%）。】

2012年6月，卫生部发布的《中国0—6岁儿童营养发展报告》显示，中国儿童的超重和肥胖问题已经日益突出。

2014年，华盛顿大学健康指标与评估研究所的研究团队在《柳叶刀》上发表研究成果，指出过去30年里，中国的肥胖率急剧上升，导致4600万名成人"肥胖"，3亿人"超重"。

《新西兰医学杂志》从2015年到现在的数据显示，全球共有1.08亿名肥胖儿童。尽管儿童肥胖人数远不如成年肥胖人数，但是儿童肥胖率增长更加迅速，尤其是在中国和巴西两国。

是什么导致现在我们身边有这么多胖孩子呢?

警惕不良的饮食习惯

食糖成瘾

《王牌特工·黄金圈》里的女魔头说："糖比毒品更容易让人上瘾，而且更容易让人得病。但是糖合法，而毒品却不合法。"

糖是最容易被人接受的味觉体验，从乳液中的乳糖开始人就摄入糖分。糖也是供给机体能量的主要来源，其中葡萄糖也是唯一供给大脑能量的营养素。

食糖成瘾是长期累积起来的。食糖成瘾并不会那么强烈和直接，糖对健康的影响也不会像毒品那么快速和直接。糖吃多了的危害，最确凿的证据是导致龋齿和肥胖。

女孩的饮食中，如果糖摄入过多，对其他味觉的敏感性就会降低，从而越吃糖越爱吃，别的味道接受度就越低。

美国的高校研究机构曾以老鼠做实验，每天给老鼠喝25%的糖水，经过一个月的时间，便发现老鼠统统上瘾，而且已经要吃两倍的量。更糟糕的是，其他食物都不吃了。

糖大量存在于我们热衷的西点中，如烘焙食品、蛋糕、面包等；存在于各种甜饮料中，如碳酸饮料、果汁、乳酸菌饮料等；存在于蜂蜜和果汁、番茄沙司中。

因此，网红餐里的那些烘焙甜点，看着诱人，里面的糖分也是惊人的，真心不推荐女孩子们吃！

高脂肪食物摄入过多

脂肪可以促进身体发育，保护内脏，吸收营养素，保证代谢正常。但是脂肪过多就会在血液中、皮下组织中、脏器细胞间成为负担。轻者影响肝胆功能，重者压迫骨骼和内脏。

很多家长认为，平时家里的饮食并不是大鱼大肉，宝宝餐也比较注重荤素搭配，尽量做到一餐中蔬菜和肉类蛋白质的比例为4∶1，是不是就没有问题了呢？

不一定。需要注意的是，孩子们喜欢的小零食，如饼干、巧克力、糖果、冰激凌等，统统是高脂肪食物。孩子爱吃，父母又不注意控制摄入量，有时甚至取代了正常饮食，同样会让孩子面临脂肪摄入过多的危害。

爱吃洋快餐、垃圾食品

西式快餐，几乎每个小朋友都爱。偶尔一两次尝尝新鲜无可厚非，可是太多孩子已经将洋快餐取代中餐，成为日常饮食习惯。

西式快餐里的汉堡、薯条、炸鸡、可乐，都是高脂肪高热量的食物。吃进去不要紧，问题是很少有孩子能够像歌里唱的那样"燃烧我的卡路里"，去做足够消耗热量的运动，摄入大于消耗，久而久之，肥胖也随之而来了。

增加运动量

运动少，活动量尚可，没劳动强度，是肥胖孩子的日常。

正常的体能消耗可分为以下三种模式：

运动：愉悦的心情，亢奋的状态，持续的强度，有效的时间；

活动：随意的心情，极端的状态，间隔的强度，松散的时间；

劳动：抵触的心情，散漫的状态，集中的强度，N+的时间。

所以当一天中3种状态没有合理互补下，身体内获取的能量无法有效释放的时候，能量储备最后就是以脂肪形式体现。

有的父母认为，孩子每天在家里爬上爬下，一刻不停歇，运动量也应该够了吧？其实不然！孩子在家爬上爬下属于活动，不是真正的运动，因此还需要增加运动量才能满足孩子的体能消耗与饮食摄入平衡。

简而言之，小女孩胖乎乎的并不代表更健康、身体更好。

体重从来不能作为单一的评定孩子身体发展是否达标的依据。

关注孩子是否健康有四大标准：

身高、头围、胸围、体重。

体重变化不是唯一指标。孩子在运动量增加后体脂率会发生变化，肌肉比例增加，脂肪比例减少。

所以这个时候不仅要关注体重，同时要关注其身高、头围、胸围。如果这些指标在变化，就代表孩子是发育正常的。

独立吃饭的学问

每个女孩都是父母心头的宝，含在嘴里怕化了，捧在手里怕摔了，这就导致很多家长过于溺爱自己的孩子，明明女儿已经可以独立吃饭了，家长却顿顿饭都要亲手喂……

殊不知，这种做法可能会影响今后孩子各方面的能力。

当一个女孩开始能用她自己的方式面对美食时，独立吃饭的学问，对她的手脑协调、自理能力、对待食物的方式，甚至身体发育、性格培养、价值观等，都有非常重要的影响。

为什么要独立吃饭

独立吃饭是孩子自理的本能，同时也代表了孩子身体的协调反应，在这个过程中，触觉、听觉、视觉、嗅觉、味觉、空间觉、本体觉等都要参与进来。

举个例子：用筷子夹起豆腐放进嘴里咀嚼。

这个稀松平常的画面，其实体现了孩子的发育和认知的规律：孩子需要先用手抓过豆腐，知道软硬，手指足够灵活，才能够保证用好筷子的力度和节奏。

所以让孩子独立吃饭这件事看起来简单，其实能很好地反映和锻炼孩子身体的神经发育过程。

何时应该开始独立吃饭

当孩子能够独坐的时候，大约在6个月，就可以把孩子放入餐椅中，培养孩子坐在餐椅上进餐的习惯。不抱着喂，不追着喂，吃饭的时间不用来做别的。

当孩子在9—12个月有抢勺子、抓握勺子的行为时，就可以给孩子一把适合她口型大小的婴儿勺，让孩子体验用勺子的过程，体验将餐盘中的食物舀起来或者抓起来并且能够送到口中的过程。

这个过程很痛苦，因为孩子的身体发育条件限制，手脑协调能力不足，还不能很好地把食物直接送入口中，甚至会出现玩食物，把食物扣在头上，吃得满脸、满地都是的情况。这都是必经的过程，父母不要看不下去就横加干预，只需要在旁边默默擦掉污渍，清理好餐椅周围就可以了。

这个过程大约会持续3—6个月，渐渐地，孩子的手脑协调能力增强，你会发现，桌子上、地上的食物越来越少了。

孩子不吃饭，爸妈怎么办

父母首先需要了解以下信息：

宝宝的行为发育关键期，如出牙期、口腔溃疡、饭菜不好看不好吃、积食、胀气等情况都会影响宝宝的食欲。

父母要随时调整自己的情绪，控制自己的情绪，尽量不要让宝宝察觉爸爸妈妈对她不肯吃饭的行为产生担心及焦虑的心态。

可能有父母对这一点不理解，为什么不能让孩子察觉我的焦虑着急？他知道我着急才有可能好好吃饭，不对吗？

其实不然，父母将焦虑的情绪表露出来，目的是通过让孩子产生愧疚来控制孩子的行动，从而达到让他乖乖吃饭的目的。这些行为背后想要传递的信息，是"我为你付出这么多，不听我的话，你就是白眼狼"，或者"我已经尽力了，你不要要求太多"。

孩子对爸爸妈妈的爱和依赖是与生俱来的，尤其是对于尚未独立的孩子来说，爸爸妈妈就是他物质世界和精神世界的支柱。当孩子感觉到自己的任性可能会使支柱崩塌，这种恐惧和不安是可想而知的，容易导致宝宝认为自己很笨、没有能力。在吃饭这个问题上，往往会适得其反。

其次，请父母检查这些行为是否存在：

▶ 家中存放过多的零食

如果宝宝每天经常吃零食，到了应该吃饭的时间，宝宝自然就吃不下饭，严重的会造成营养不良。

▶ 放任孩子边吃边玩

边吃边玩的结果，便会延长吃饭的时间，等到下一顿吃饭的时刻到了，宝宝却还不饿，当然就不肯乖乖地坐下来吃饭了。

▶ 不愉快的吃饭时刻

不要在吃饭的时候教训孩子，更不要因为时间仓促而催促孩子"吃快点"，这些行为会让孩子对吃饭这件事产生不愉快的经验，因而排斥吃饭。

▶ 以利诱的方式吸引孩子吃饭

好好吃饭就给看动画片，吃饭的时候一定要把电视或平板电脑打开放在一边哄着，父母如果以利诱的方式对待孩子吃饭这件事，久而久之，便会让孩子认为，吃饭这件事可以当作交换条件。

父母到底如何做，才能让孩子乖乖吃饭呢？

以身作则

"言教不如身教"，父母本身要有良好的饮食习惯。宝宝的模仿能力极强，如果大人们本身的饮食习惯不正常，或者常常随便以零食代餐，自然没有理由要求宝宝遵守定时吃饭的习惯。

就餐要有仪式感

在日本等一些重视食育教育的国家，孩子在进餐前需要进行祈告或者感恩，感谢农民的辛勤劳动。

我们国家近年来的食育教育理念也在增强，虽然没有祈告这样的餐前仪式，但是也有我们国家的文化，也充满了仪式感。

例如，中国人讲求团圆，一家人整整齐齐围坐在桌旁吃饭才叫热闹。

因此，日常给孩子养成习惯，要有固定的开饭时间，尽量做到吃饭时间一到，全家人一同在餐桌上用餐，并规定孩子须吃完自己的那一份餐。如果宝宝不吃完，就算他等会儿饿了，也不要再给他任何零食。这有利于让宝宝养成定时、定量吃饭的好习惯。

零食定量

孩子都爱吃零食，零食不是不能吃，只是不可过量，尤其垃圾食物尽量不要给予。父母可以跟孩子约定，每天只能吃少量的零食，吃完了当天的分量，就必须等到第二天才能吃。而且吃零食的时间不能距离正餐时间太近。

增加孩子活动量

宝宝肚子不饿，当然吃不下饭，若父母一味地强迫孩子进食，会适得其反。父母可以试着促进宝宝的食欲，重点是增加宝宝的活动量，活动量一大，肚子就饿得快，等真正觉得肚子饿了，宝宝自然就不会抗拒吃饭了。

选购孩子喜爱的餐具

宝宝都喜欢拥有属于自己独有的东西，给宝宝买一些图案可爱的餐具，可提高宝宝用餐的欲望，如能与孩子一起选购，能达到更好的效果。

科学喂养，拒绝重口味

养育孩子，吃是头等大事！

父母在学习花样繁多的营养辅食制作的同时，可千万要本着营养科学的搭配原则，给孩子初期添加的食物中，口味是很重要的一个环节。

家庭生活的"习惯遗传"比"基因遗传"更可怕。

如果一个家庭中，父母的口味都比较重，按照自己的口味给孩子重油加糖加盐，孩子会被动地接受高糖高盐高油的食物，久而久之，孩子也会变成"重口味"，这就是现在越来越多小胖子出现的原因。有些孩子小小年纪，肝肾功能和心肺功能就都出现了问题，让人痛心。

重口味喂养，对孩子未来的健康百害无一利。

那么，宝宝的日常饮食中，每样调料的摄入量到底有什么讲究呢？

油

对于6个月后的宝宝来说，可以用点滴的方式给宝宝进行植物性脂肪的摄入。

12个月以下的宝宝，每日油的摄入量为5—10克/日；

12—24个月的宝宝，每日油的摄入量为10—20克/日；

24个月以上的宝宝，每日油的摄入量为20—25克/日。

【数据引用自：《中国居民膳食指南（2016）》】

给0—6岁的孩子烹饪选油，更适合选压榨油。

不少妈妈觉得，核桃油有营养，橄榄油珍贵，所以认准了一种油后，就只选这一种给孩子吃，这样也是不可取的。不要光给孩子吃一种油，应当换着吃。

食用油的选用本质上来说就是对一种脂肪酸和能量的获取。

油本质上并不在"五味"体验中，却可以增加人对食物的饱腹感。

如果长时间食用一种食用油，脂肪酸的摄入就单一化，不符合多种原料、多种营养素均衡供给的营养摄入。

糖

母乳、奶粉中都含有糖，因此孩子在添加辅食初期没有必要额外摄入糖，随着年龄的增长，糖的摄入也要严格控制。

过量食用糖，会导致龋齿、肥胖，甚至影响视力。

吃糖过多会影响钙质的代谢，不论怎么补充钙，补充维生素D，体检的时候孩子的钙含量都维持在低水平线。

盐

相对于少糖、低油脂摄入而言，不给1岁前的孩子吃盐的理念，似乎并不被老一辈人所接受。

在此有必要再强调一下：**1岁内的宝宝严禁食用盐**。

养育者给婴儿辅食加盐多出于以下错误认知：

▷ 吃盐补碘；

▷ 担心孩子不吃，因为没有咸味；

▷ 宝宝不吃盐身体没劲儿。

走出误区：

盐本身不含碘

我国为了防止人口缺碘，在食用盐中添加了碘，即"加碘盐"。但12个月以下的婴儿获取碘的方式有很多，海带、紫菜均是很好的食材，不需要通过盐来获取。

没咸味担心孩子不吃

父母不要用成人的口味对待孩子的辅食。

1岁以内的宝宝对食物没有兴趣的原因多源于对母乳或者配方奶的依赖。

真正对食物产生兴趣的阶段为12个月以后，6—12个月尝试各种味道的过程中，宝宝尝试各种来自自然界的咸甜苦辣酸，如海虾、海鱼的咸，番茄的酸，苹果的酸和甜，苦瓜的苦，葱姜蒜的辣，便会在大脑中产生记忆。

过早给宝宝添加盐，宝宝味觉"猛醒"，会不再接受原味的食物。而且1岁以内的宝宝代谢系统尚未发育完全，盐进入体内不能完全代谢，会增加肾脏负担。

宝宝不吃盐也不会没劲儿

"宝宝不吃盐没劲儿"的说法是无稽之谈。母乳、奶制品、辅食中的食物中都存在天然的盐分（钠离子），宝宝只要正常摄入营养元素就可以了。

觉得孩子的饮食太寡淡，想给孩子的饮食增加一些调味剂，怎么办？

香菇是一种不错的选择。香菇本身自带的香味便是一种天然的增香剂，家长可以将香菇烘焙成干香菇打成粉调味。

此外，蒜、葱、芝麻、紫菜、无盐虾皮打成的粉均是很好的调味品。

　　宝宝过了1岁以后，家长可以逐渐尝试在宝宝的食物中加盐。

　　1—3岁的宝宝每日保证2克食盐即可。家长可以买一把量盐勺，严格控制盐的摄入。

　　有些食物在加工时是不需要加盐的，如海鱼、虾等，本身即含有高盐分。

　　在给宝宝购买袋装食品时，要注意看食物营养标签，要注意营养成分表中每100克含有多少克钠，含钠量越低越好。

　　随着孩子逐渐成长，我们并不鼓励给孩子的饮食中完全不添加盐，适当的食用盐还是要给予的。

　　建议家长给女孩选择强化锌盐，既摄入了碘，又摄入了锌。

女孩换牙是大事儿

众所周知，孩子口腔内萌生的第一批牙齿叫乳牙，而在6岁以后长出的牙齿叫恒牙。

恰恰在6岁左右，处在换牙期的女孩自尊心已经建立起来，爱美了，懂得捕捉外界对自己的评价。从审美的角度来说，换牙是个尴尬期。如果女孩在换牙阶段受到捉弄、嘲笑，可能会产生自卑心理。

家长帮助女孩建立换牙期的自信，显得尤为重要。

良好的心态源于对换牙期的科学认知

避免女孩牙缝变宽

牙缝变宽是因为在女孩子换牙初期，恒侧切牙的牙胚挤压门牙的根端，使门牙牙根向近中，而牙冠向远中倾斜，造成了间隙。

间隙会随着侧切牙和尖牙的萌出而消失，无须做特殊的处理。

很多父母喜欢饭后用牙签剔牙，如果孩子模仿家长用牙签剔牙，会对乳牙危害极大。因为孩子的牙齿排列本来十分紧密，一般吃东西时并不会将食物嵌入牙齿中，如果过早形成用牙签剔牙的习惯，会在不知不觉中把牙缝越剔越宽。

如果父母想给孩子齿缝清洁，可以适当选择儿童牙线。

为什么换牙期的女孩看起来门牙都很大

其实此时女孩的门牙并不是真的大，只是"看上去大"。换牙期，恒牙肯定长出来会比乳牙大一点。

由于门齿是最先替换的，旁边的牙齿都没开始长，门牙在"无拘无束"的环境下当然会长得大一点，但两年内旁边的牙齿长出来后就会自然地限制门牙。

所以不要担心换牙会让女孩变丑，在自然生长的变化中，要给孩子正面的鼓励。

定期带女孩去检查牙齿

家长要定期带女孩到医院检查牙齿，不要等到牙齿出现问题了，疼了、肿了才去医院。

早期的龋齿、牙齿萌出异常、脱落异常，以及牙齿萌出的位置异常，这些都可以早期发现和预防，这就是定期检查牙齿的好处。

理解女孩在换牙期的"自卑"

换牙期的女孩之所以会产生自卑心理，原因在于她们已经有自尊心。

孩子自尊心强，就会十分在意别人对自己的看法与评价。同学间的取笑、大人的评论，都会让孩子觉得自己真的是只"丑小鸭"。有的孩子甚至因此拼命舔牙龈，希望牙快点长出来，结果往往适得其反。

在换牙期，有些女孩不仅仅关注牙齿是否美观，还会关注自身的一些缺陷，如高矮胖瘦、眼睛不够大、鼻子不够挺、脸太大等，这些都是引起她们自卑的原因。

在这个阶段，父母尤其要注意照顾和引导女孩的情绪，不要让女孩在心里埋下自卑的种子。

不给孩子"贴标签"

女孩掉了门牙，父母或周围的人可能会取笑她，用"没牙的小狗"等不好的绰号来调侃孩子，甚至以把孩子弄哭为乐。

大人们觉得这是玩笑，但对女孩来说，就等于给她贴上了负面标签。孩子会因此觉得自己不是一个完美的人，从而产生自卑心理。

心理学上有个词叫"罗森塔尔效应"，就是孩子会按照别人给她暗示的方向发展，如果这个暗示是负面的，是反向的，那么她真的很可能就会因为背负这个负面的标签而毁掉一生。

告诉孩子：这只是个暂时的阶段

家长可以给孩子讲丑小鸭和白天鹅的故事，告诉孩子，白天鹅都是由丑小鸭变过来的，牙齿脱落、不好看都是暂时的，每个小朋友都要经过这个过程。这个阶段过去后，她会变得更加美好。

帮助孩子认知牙齿生长

父母要多与孩子沟通、聊天，告诉孩子为什么会出现这种情况、什么时候能改变，会不会影响到将来的容貌。

家长可以通过绘本、模型玩具等让孩子更加具体地了解牙齿的发育过程。

当孩子对换牙这件事建立起科学的认知，明白这是成长必经的一个阶段时，她的担心、自卑就会减少。

引导孩子更多地期待未来

当女孩觉得自己是"丑小鸭"的时候，父母应该给予她

"白天鹅"的美好期望。

父母可以拿出自己小时候换牙期的照片，作为真实的对照说明，让宝宝认识到：我和妈妈一样会长大，长大了就变好了。从而让孩子的关注点由现状转到对美好未来的期待上。

家长给予换牙期的女孩足够的爱，适当的关注和引导，一定能让女孩顺利度过换牙期，自信满满地面对未来的人生。

第三章

×

三个重要阶段，让你更了解女孩

在研修心理学的时候，我对精神分析学派非常痴迷，尤其是对奥地利的心理学家弗洛伊德关于人格发展理论的阶段划分。

而在我们对孩子的早期教育实践中，综合一些理论和观点的碰撞，也多汲取了精神分析的观点。

因此，在本书中，我将0—6岁女孩的成长阶段，以精神分析的角度划分为口欲期、肛欲期和俄狄浦斯期3个阶段，更为直观地为父母阐述这3个阶段孩子生理、心理的变化。

当然，我们在实践中也多用到由意大利教育学家玛利亚·蒙台梭利的儿童敏感期这一说法，对应精神分析理论的这3个时期，总结了0—6岁女孩将经历的几大敏感期。

这些内容，希望可以给阅读本书的父母一个清晰、明朗的认知。

我们在育儿实践中，并不偏向于支持哪个理论说得对、谁的方法好，而是通过这些内容的融合，让你了解你的孩子，了解你自己，寻找到一条更适合自己的育儿之路。

什么都要塞进嘴里——口欲期（0—2岁）

我女儿出生的第一天，朋友去医院探望，看到她正努力地把拳头往嘴里塞。朋友说："刚生出来就开始吃手，小姑娘今后肯定是个吃货……"

不少妈妈发现，刚出生不久的宝宝会把手塞进嘴里不停地吸呀啃呀（一般来说出现在婴儿4个月左右），于是担心宝宝的健康和卫生问题，就会不时地将宝宝的手从她的嘴里拿出来。

其实，这个阶段如果父母过度干预，可能会给孩子造成一定的心理影响。

什么是口欲期

首先我们来了解一个词——"口欲期"，提出这个概念的人是奥地利精神分析学派的心理学家弗洛伊德。

口欲期（oral stage），0—1岁，快感中心集中在口腔部位。

此时的孩子，会将任何一件物品塞进嘴里，当然初衷并不是为了吞下去，而是用口来认知事物。

有医学研究表明，胎儿在母体中就会将手放入口中。因此，吃手这件事不是学来的，更不用任何人教，而是与生俱来的。

刚出生的婴儿是以"我"为中心的，此时他们还不能很好地区分自己和外界。婴儿会认为自己即世界，自己和这个世界融为一体。

但当孩子发现，自己不能完全控制妈妈，例如，自己饿了，而妈妈不能立刻给予回应时，婴儿会逐渐发现自己和妈妈、和这个世界是分离的。

当婴儿意识到了自己与妈妈及这个世界的分离时，"自我"的概念开始形成。

婴儿通过将手塞进嘴里，来认知"手"的存在，他用口体会到的手是什么样的，那么他体会到的世界就是什么样的。

当你看到宝宝把小拳头放入口中开始吸吮的时候，恭喜，这意味着宝宝的智力向前迈了一大步！

有的妈妈误将此时孩子吃手当作一种"不讲卫生"的坏习惯来看待，看到孩子把手放进嘴里，就赶忙将他的手从嘴里拉出来，甚至按住孩子的手不让他再往嘴里放。

这样粗暴的干涉，破坏了孩子对手的认知，也阻碍了他对世界的认知。破坏了孩子的内在感受，阻断了他们自我探索的进程，对孩子的智力和心理发展都没有好处。

口欲期得不到满足的孩子，成年后会出现行为固着（固着是发展停滞在早期的某一个阶段）。

例如，比较普遍的现象，男性吸烟成瘾，女性喜欢吃零食、"嚼舌根"，都是口欲期未得到满足，而将行为固着在口欲期的表现。

宝宝在口欲期偶尔吃手是很正常的，父母不需要过度紧张，父母需要注意的是，不能让宝宝吃手成瘾，这有可能影响到日后的健康。

在吃手指的过程中，如果刚好遇到乳牙生长，因为吃手时所用力的方向，会让牙齿照着不正确的方向生长，进而影响牙齿的排列、咬合，容易引发口腔问题。

由于施力方向不当，嘴巴的上、下颚可能会因此变形，面部外观也会随之变形。

此外，孩子经常摸摸这个，碰碰那个，再把小手塞进嘴里，可能会把病菌带入嘴巴而生病。

满足口欲期的物品不仅仅有手指，还有很多专用的替代物，既方便清洁，相对手指来说，又能保护宝宝的牙齿骨骼生长，如安抚奶嘴。

一般来说，口欲期在1岁左右结束，但是考虑孩子的个体差异、生活习惯和饮食习惯的不同，有些孩子的口欲期会稍稍有所延迟，最迟不超过2岁。

如果两三岁的孩子，甚至更大一点上了幼儿园的孩子，还喜欢吃手，甚至成为一种依赖和习惯，怎么办？这就要具体分析孩子这么做背后的原因了。

例如，有可能是孩子在口欲期时没有得到满足，或者只是孩子在紧张时以吃手指来缓解紧张情绪。还有这样的一个例子，一个5岁的女孩在有了弟弟之后，突然出现了不能够自主如厕、吸吮手指，甚至抢弟弟的安抚奶嘴等行为。

其实这是当孩子看到弟弟被妈妈照顾而忽略了自己时，产生的一种行为的退行（一个人在高级阶段受到了挫折，就会退行到低级阶段，去寻求低级阶段的满足），将自己的能力退行到了新生儿阶段，希望因此能获得妈妈的关注。

以上情况，父母均要找到真正的原因再施以干预，而不是简单粗暴地将手指从孩子口中拉出，这也拉断了孩子与父母的关系。

如何应对孩子的口欲期

▷ 明确地告诉孩子，你是个大宝宝了，宝宝的小手可以做更多的事，而不是继续放在嘴里。

▷ 帮助孩子认知自我，当孩子吃手的时候，要用平静温和的态度提示他：宝宝，你知道现在你在吃手吗？

妈妈说话的态度很重要，有的妈妈会用严厉、吼叫、大惊小怪的态度，这样都会引发孩子的逆反心理。

▷ 用其他任务和游戏来转移孩子的注意力。

▷ 借助其他工具。

例如，矫正指套。这种指套可以很好地避免手指皮肤的损伤。可以及时杀菌和替换，防止皮肤或指甲的细菌造成口腔内病毒感染。

▷ 通过阅读相关绘本获得心理自助。

推荐《今天开始不吃手》《我不再吃手了》等主题绘本。

重口味！认为屎尿屁都是她的作品——肛欲期（2—4岁）

　　妞妞2岁3个月了，妞妈很头疼，因为妞妞从1个月前就开始出现了憋尿的现象！

　　妞妞每次憋尿的时候都表现出很慌张的样子，脸发红，夹着腿，撅着屁股，说想尿尿。妈妈带她到厕所后她又尿不出来，可转眼又尿在了裤子里，最多的时候一天尿了4次裤子。

　　这并不是妞妞妈妈一个人的烦恼，很多细心的父母在引导孩子学习如厕的时候，都会发现孩子脱了裤子却不愿意排便，甚至有的宝宝把大小便排在裤子里，或者出现尿频、便秘的现象。

　　孩子是生病了吗？并不是！其实是孩子的肛欲期到来了。

什么是肛欲期

肛欲期一般出现在孩子2—4岁之间。女孩在度过了口欲期后，大约18—36个月，开始有了自己控制大小便的能力，她们会感受到刺激肛门时带来的快感，于是开始有意识地通过憋屎憋尿、频繁尿尿等行为来体验排便或排尿的不同感觉。

有的孩子可能坐在马桶上不尿，却把尿尿排在裤子里，或者便便到一半就起身，马上又说要便便……这个时期，孩子还会有一些更为奇怪的行为，他们会对排泄物感到好奇，甚至把便便当成自己的"宝贝"。

这个时期是训练孩子如厕的大好时期，父母要正面、积极地进行引导。假如父母态度粗鲁缺乏耐心，孩子就会觉得慌张，心理压力大，进而会扰乱他们控制大小便的自然节律，并且还会让他们对自己的身体产生不正确的认识，构成畸形的性压制心理。

如何应对孩子的肛欲期

当孩子处于肛欲期，父母对孩子各种奇怪行为的看法及处理态度尤为关键。

放宽心，这仅仅是孩子的一个阶段

当孩子把大小便解在裤子里时，要正面地告知："宝贝，这不是什么问题，妈妈给你换上洁净的裤子。"有些妈妈每次都恨铁不成钢地强调："宝贝，不是说好了便便要去卫生间的吗？！"其实这么大的孩子很多已经晓得要去卫生间大小便，只是他们在目前这个阶段很难做到，非不想，不能也，妈妈应该多给孩子一些体谅。

对排泄物的好奇，是孩子好奇心的一部分

肛欲期的孩子会有些让父母哭笑不得的行为，例如，将他的排泄物视为自己的"作品"。

有的孩子甚至会将自己的便便偷偷地用纸巾包好揣进口袋里，从幼儿园带回家里。甚至有的孩子，如果没有父母阻止或外界干预的话，会去品尝自己的粪便。

著名的心理学家武志红认为肛欲期孩子对待粪便的态度，决定了他今后对待自己其他的各种创造物的态度。

如何应对宝宝肛欲期

应该尊重孩子的发展，不要把孩子的特殊表现当成家人的谈资，更不能当着孩子的面议论或者嘲笑。

不要打断孩子正在进行的憋尿或憋大便，不要强行让孩子

大小便，这会破坏孩子正在进行的体验。

当孩子在学习控制自己大小便的时候，其实也是在练习自己的自控力，父母应当让孩子自己去充分体会和感受。

邀请孩子参观父母如厕，比如，妈妈可以带着女儿进入卫生间学习脱裤子、坐马桶、如厕、冲水、清洁、提裤子一系列过程，孩子通过观察学习模仿，才能逐步去执行体验。

妈妈成了竞争对手——俄狄浦斯期（3—6岁）

肛欲期以后，孩子进入下一阶段的发展，即俄狄浦斯期。

俄狄浦斯期又称"性蕾期"，一般出现在女孩的3—6岁。

这个阶段，孩子会从"我即世界"的一元世界——"我和妈妈是分离的"的二元世界认知层次中，逐渐进入"世界上还有爸爸这位第三人的存在"的三元世界中。

这个阶段是孩子对异性形成认知最为关键的阶段，会对自己和别人的生殖器官产生好奇，会追问令父母尴尬的问题：我从哪里来？

这个阶段如果发展良好，孩子会成功进入下一阶段；如果发展不好，则会在这一阶段形成情结，即俄狄浦斯情结，女孩最明显的表现，就是恋父情结。

俄狄浦斯期女孩的那些"奇怪"行为

▷ 如果一个女孩在3岁前对母亲的依赖更多些，3岁之后，她会注意到爸爸这个重要的家庭成员，即便爸爸并没有尽到多少养育的责任，女孩依旧会表现出"喜欢爸爸""爱爸爸""依赖爸爸"。有的女孩甚至会对妈妈产生敌意，而认为爸爸是"老公"。

▷ 有调查研究发现，女孩小时候会出现类似阴道分泌液增多和阴道节律性收缩的情况。会抚弄生殖器，做一些夹腿的动作。

▷ 这个时期，女孩会渐渐地萌生出竞争意识，作为同性抚育者的妈妈则成了孩子第一个竞争对象。

▷ 性别认同。这个阶段的女孩会更加"像"一个女孩，会对带有明显女性特点的色彩、事物更感兴趣，如粉色的芭比娃娃，绘本故事中的女孩角色……

根据著名心理学家增奇峰的观点，俄狄浦斯冲突的本质是：渴望成功和对成功之后惩罚的恐惧。

和口欲期、肛欲期一样，如果孩子在俄狄浦斯期没有得到充分满足，会产生"想赢而不敢赢，赢了之后又充满内疚"的心理矛盾，或将会影响他们今后对竞争的态度；而当出现过度满足的情况，女孩就会深深地陷入对父亲的过分依恋中，这种情结会对孩子长大以后的婚恋观有非常不利的影响，会导致不健康的夫妻关系。

如何帮女孩度过俄狄浦斯期

母亲要心平气和地接受来自女儿的"攻击"

这一时期，女孩很有可能将妈妈看成人生中的第一个竞争者，进而产生"仇视"的现象。作为母亲，会感觉"贴心小棉袄"一夜之间变成了"亲生的小情敌"。

在这个阶段，妈妈要接纳孩子的"仇视"情绪，一如既往地扮演好母亲的角色，不要过分强调"我是妈妈，你要尊重我""我对你这么好你为什么如此排斥仇视我"。

当女孩表现出对母亲正面的"竞争"或者"攻击"时，不要嘲笑她，以免让她内心产生自卑，形成自我攻击。

母亲适当地示弱，让女孩获得"成就感"

针对这一时期女孩对母亲展现出的竞争意识，妈妈可以借机发展她们的竞争性。

例如，当女孩常常对妈妈说"妈妈，我比你做得好""妈妈，我比你强"时，母亲可以适当地满足孩子的这种自恋，赋予她们成就感。

在日常生活中，妈妈可以多参与到孩子的游戏之中，尤其是竞技类的游戏。很多时候，孩子是能够体会到妈妈是强于她的，当孩子能够说出"妈妈你看我厉害不？妈妈你跟我一样厉害"的时候，说明女孩在向妈妈表达认同。这种认同会让妈妈的形象内化在女孩心中，让她努力成为像妈妈一样的女性，将来可以和妈妈一样嫁给像爸爸那样的自己所爱的人。

父母都要牢记：夫妻关系大于亲子关系

不要让女孩认为，她才是家庭中的核心。如果父母都围着她转，那么她就理所当然地认为同性抚育者是她的敌人，而异性抚育者是属于她的，从而出现严重的情结。

父母要拿捏好这样的度：你是我们的女儿，在这个家庭里，你是一分子，但你不是全部。我们才是夫妻，我们彼此相爱，而你是我们爱情的结晶。

明确家庭中每个成员的角色，告诉孩子，爸爸是妈妈的丈夫，妈妈是爸爸的妻子，你是我们的女儿，我们会共同给予你更多的关爱。

正确面对女孩探索身体的行为，适当予以性教育

让女孩充分认知身体，并做好隐私部位的日常清洁，同时增强女孩的自我保护意识，告诉孩子小背心、小内裤覆盖的地方不允许任何人触碰，增强女孩的身体界限意识。

这个阶段的女孩还可能会对异性的性器官产生好奇，会追问小鸡鸡是什么，为什么小男孩有我没有。不妨幽默地告诉女孩：你也有"小鸡鸡"，只是和男孩的长得不一样而已。家长还可以通过绘本去让女孩了解男孩女孩身体构造的不同。

给女孩正向的性别认知

告诉她，女孩子应该是什么样子的，包括穿衣打扮及行为举止等，妈妈应当正向给女孩展示女性的魅力，或端庄大方，或温婉得体，或俏皮可爱。这个阶段最忌讳"把女孩当男孩养"，比如将女孩当作男孩打扮等，很容易造成女孩的性别混乱。

肯定女孩的情感愿望

这个时期的孩子学会了"谈情说爱"，女孩子可能会说：我长大了要和爸爸结婚，我长大了和××（幼儿园里关系要好的小男孩）结婚……其实这都是孩子喜欢一个人的表述，她们并不理解"结婚"的真正含义。这时候，父母要肯定孩子良好的情感愿望，同时引导孩子："你可以跟××做最好的朋友啊。""即使不结婚，爸爸妈妈也会长久地爱你、陪伴你。"俄狄浦斯期对女孩未来的婚姻观、世界观、人生观、价值观等都有着非常重要的影响，做父母的，有责任帮助、引导孩子圆满地度过这一关键期。

小课堂：俄狄浦斯期一词的由来

"俄狄浦斯"一词源于古希腊神话。俄狄浦斯是欧洲文学史上典型的命运悲剧人物。

底比斯王拉伊俄斯获得了一个预言，他的新生儿（俄狄浦斯）有一天将会杀死他而与他的妻子结婚。底比斯王对这个预言感到震惊万分，于是下令把婴儿丢弃在山上。

有个牧羊人发现了这个婴儿，并因其受伤的双脚将其命名为"肿胀的脚"，即俄狄浦斯。后来牧羊人把俄狄浦斯送给科林斯的国王当儿子。俄狄浦斯并不知道自己的生身父母是谁。

长大后俄狄浦斯得知神谕说他会弑父娶母，便离开科林斯并发誓永不再回来，却不料在一场战斗中与亲生父亲狭路相逢，生父粗暴地命令俄狄浦斯让路，俄狄浦斯盛怒之下与拉伊俄斯争斗，最后将其杀死，并赢得伊俄卡斯忒王后为妻。多年以后他才知道，他杀死的是自己的父亲，娶的是自己的母亲。

俄狄浦斯王羞怒不已，承受不了心中的痛苦，刺瞎了自己的双眼，离开底比斯，开始自我放逐。

心理学用俄狄浦斯情结来比喻有恋母情结的人，有跟父亲作对以竞争母亲的倾向，同时又因为道德伦理的压力，而有自我毁灭以解除痛苦的倾向。俄狄浦斯情结，有时也被用来比喻"恋父情结"。

0—6岁儿童敏感期一览

前文中我们提到了"口欲期""肛欲期"和"俄狄浦斯期"，在育儿实践中，我们也会用另一种方式更加细致区分对待0—6岁孩子的不同成长阶段，我们称它为"敏感期"。

敏感期与前文中的"口欲期""肛欲期""俄狄浦斯期"并不冲突，相反，重合的部分更有利于父母懂得和分析孩子的行为，更好地应对不同阶段的孩子成长中的问题。

那么，在这些特殊的时间段里，都有些什么表现，家长们又该如何应对呢？

阶段一：0—3个月　视觉敏感期

刚出生的婴儿，会从模模糊糊的视线中探寻淡淡的光亮，随着时间的推移，婴儿会很快寻找明暗交错的地方。

这也是为什么新生儿父母会发现孩子常常盯着头顶的亮光看，会追随闪动光亮的物品的运动轨迹。这是在唤醒出生时脑内神经元的工作。

视觉在出生之后的6年中，起着至关重要的作用，当婴儿畅通无阻地度过了这一敏感期后，也预示着将踏上下一个发展阶段的台阶。

阶段二：0—1岁　口的敏感期

我们经常看到婴儿会把手指放入口中，任何玩具、物品都要先塞到嘴里"尝尝味道"。其实是他在以口腔探索这个世界。

口的敏感期可以对应前边我们提到的"口欲期"的概念。

孙瑞雪在她的著作《捕捉儿童敏感期》中提及，口的敏感期严重得不到满足的孩子，会抢别人的食物，随意拿别人的东西，捡掉在地上的食物，注意力固定在食物上而无法学习。

阶段三：5—18个月　手的敏感期

一言不合就动手动脚，大脑和肌肉的发育使得宝宝开始有意识地使用自己的小手和小脚。

抓东西、扔东西、抠小洞、打人、用脚踢……这些都是孩子在试图用手和脚来感知世界。在保证安全卫生的情况下，父母应该尊重孩子对周围事物的探索。

这个时期父母最苦恼的莫过于孩子爱打人，这种行为要区分于3岁以后及成年人的带着情绪和道德的攻击行为。

如果宝宝打人了，父母要特别注意不要用语言来强化

"打"这个动作，更不能用打回去来更正孩子的行为。这样宝宝会模仿，甚至觉得"有趣"。

正确的处理方式是：顺势抓住孩子的手，眼睛直视孩子，语气平静地问："宝宝，你要向妈妈/爸爸表达什么？"这样做一方面能引导、暗示孩子，用语言表达和解决问题；另一方面，灌输给孩子"打人是不好的行为"的观念。

阶段四：2岁左右　自我意识敏感期

婴儿出生时，认为自己即世界，但当他成长到2岁左右，他就开始发现自己其实与世界是分离的。

自我的意识就在这时悄无声息地形成了。

"可怕的2岁"是最让父母们头疼的阶段，此时孩子总是爱和父母唱对台戏。

"不吃饭！"

"不睡觉！"

"不刷牙不漱口！"

不管父母说什么，孩子的第一反应永远是"不"。

如果父母非要强迫孩子去做事，双方恐怕要闹得天翻地覆！

其实这个阶段的孩子经常是"口是心非"，此时父母不妨试试用"反向指令"。

"宝宝你千万别吃饭啊！吃了饭力气大了，那我就追不上你了！"

"宝宝，你别去睡觉，你睡着了梦见小仙女怎么办？我都没梦见过！"

嘿！试试看，或许你会意外收获一个"不听话"的乖宝宝呢！

阶段五：2—4岁　秩序敏感期

秩序敏感期通常出现在孩子2岁左右，会延续到孩子四五岁，是指孩子对秩序极端敏感的一个非常重要和神秘的时期。

在这一时期，孩子对事物的秩序有强烈的需求，并逐步获得和发展起对物体摆放的空间或生活起居习惯的时间顺序的适应性，即秩序感。孩子会对摆放的物品、动作发生的顺序等有着近乎苛刻的要求。

最初，这种要求不被满足，孩子并不一定会出现哭闹的现象，但是当孩子将秩序上升到了意识层面，如果这个秩序被打乱或者遭到挑战，那么他们就会表现出焦虑不安，甚至不可理喻的哭闹。如果你觉得原本乖巧听话的孩子，忽然变得不可理喻，可能是孩子到了执拗的敏感期。

对于孩子这个漫长的敏感期，爸爸妈妈要做的是接纳和变通。

当孩子哭闹不止时，试着转移孩子的注意力，有时会有一定的效果。

积极共情也是一种很好的方式。实在没有办法解决孩子的执拗和苛求完美时，父母可以试试用肢体语言配合口头语言去表达对孩子的共情，比如拥抱孩子，反复说"妈妈理解你""妈妈也很难过"，孩子体会到了自己的情绪被接纳，通常会逐渐平静下来。

应对孩子的秩序敏感期，方法不一而足，可以肯定的是，在孩子情绪崩溃的时候，爸爸妈妈如果能做到真正接纳孩子的情绪，心中充满对孩子的理解和爱，那么，任何一种处理的方法都会对孩子产生积极的效果。

秩序是文明的基础，当孩子出现秩序敏感的时候，也在暗示父母，是时候开始向孩子进行规则教育了。

当孩子感受到良好的秩序感，体会到在规则下的自由，就会形成一个良好的自我，内在会是和谐的。

对于和孩子制定的规则，父母必须以身作则，如果父母说一套做一套，那么孩子体会到的外在秩序就是混乱的，这个外在的秩序就不能称为秩序，而是父母的淫威。

阶段六：2—2.5岁　物权敏感期

"我的，全都是我的！"

很多父母都疑惑，2岁的宝宝占有欲怎么那么强呀？别人都不能碰他的东西！

以前挺大方的孩子，怎么突然变"自私"了呢？

其实，这只是孩子成长的一个表现，这代表他开始有物权意识了。

在这个阶段，家长千万不要给孩子贴上"自私"的标签，也不要强制性地抢夺孩子手中的东西。不要和这个年龄段的孩子谈"分享"，孩子在5岁以前，是不会真正理解"分享"的定义的。尊重孩子的物权意识，孩子占有的目的，并不是占有物体的本身，而是通过占有物来获得背后的含义——无形的"自我"。

阶段七：3—4岁　语言敏感期、诅咒敏感期

孩子在3岁左右会进入语言的爆发期，普遍来说，女孩比男孩要更早一些进入语言爆发期，继而掌握大量的词汇。

当孩子在语言中发现力量之后，会十分热衷于说话甚至有时骂人、诅咒的话语也会从孩子的口中说出。

从孩子口中听到一些"恶狠狠"的诅咒的话语，是不是让你大吃一惊？其实父母不必太过在意，孩子只不过是在展示自己语言的"力度"而已。

如果父母对孩子的脏话、诅咒反应过于强烈，孩子会从父母的反应中感受到自己语言的力量，反而更加喜欢用这类词。

请审视周围是否有喜欢爆粗口的人，尽量让孩子远离他们。如果不能完全隔绝，父母至少可以做到自己不说脏话，一段时间之后，你会发现这种语言会悄无声息地从孩子的嘴里消失了。

阶段八：1.5—4岁　细节思维敏感期

"小虫子的甲壳上有几个黑斑点啊？"

"那个小朋友穿的鞋子上有一只小猫图案……"

"妈妈怎么换了一条项链……"

"左摇右摆的那个东西（钟摆）是什么呢？我去看看……"

——细心而又着迷地观察事物，这个阶段的孩子可以认真观察一个循环运动的事物很长时间。

大人也许会觉得很无聊的事情，孩子却已经发现了个中奥秘！所以，千万不要打搅孩子的这份专注，他们的思维在这个时候得到了极大的发展，这个阶段正是培养孩子专注力的最佳时期。

阶段九：4岁　完美主义敏感期

不完美就哭给你看！

不知你有没有经历过这样的事：

你给孩子一块饼干，因为缺了一个角，引起他极大的不满；

进门的时候你开了灯，他却不依不饶，一定要关了亲手重新再开一遍……

孩子的这些行为是否让你感觉不可理喻？殊不知，正是通过这些行为，孩子向你展示了自己审美能力的完善，以及对自我行为意识的一种认知。

这个时候，父母应该怎么办？

尽量满足特殊敏感期孩子的完美主义，如果实在不能满足，也应接纳孩子的兴趣，通过转移注意力或者帮助孩子说出情绪，用肢体语言或口头语言来安抚孩子。

在执拗的敏感期后期（前文提及的秩序敏感期后出现的敏感期阶段），也就是到了孩子4岁左右，又会出现追求完美的时期，称为追求完美的敏感期。

这个时候孩子的外部秩序感已经建立，当他发现不完美或者残缺的事物时，会根据自己对秩序的要求和理解，要求完美和规范的事物被留存下来。

在对秩序的追求上升到对审美的追求后，孩子才能够开始敏锐地感知环境和氛围等的变化。

也正是从2岁到四五岁这个漫长的秩序敏感期，最终建立了孩子对规则、秩序的认知，以及对美的不同理解，也成就了未来各行各业不同的出色人才。

阶段十：4—5岁　婚姻敏感期

"我想和爸爸结婚！"

"我长大想和豆豆结婚！"

别以为孩子在这个年龄考虑这个很"不正经"，对于孩子来说，这个问题非常严肃，甚至会困扰他们整整一年的时间（或者更长）。

　　也不要认为孩子提出这个问题就是"早熟"了，从一开始的想和爸爸结婚，到后来社会交往能力不断增强，结婚对象变成了另一个小朋友，也都仅仅是单纯地表达对某个人的喜欢而已。

　　千万不要嘲笑孩子的这些想法。

　　如果孩子在幼儿园时期所谓的"爱情"被成人尊重并理解，就会顺利度过婚姻敏感期。

　　你可以和孩子探讨一下，他喜欢爸爸/妈妈身上的哪些优点，那位幼儿园小朋友最吸引他的地方是什么，进而探讨，今后要嫁给或者娶一个什么样的人……这也是帮助孩子树立正确婚恋观的最佳时期。

阶段十一：4—5岁　探索出生的敏感期

　　"妈妈，我是怎么来到这个世界上的？"

　　"阿姨肚子里为什么会有小宝宝？"

　　"我也会怀孕吗？"

　　哲学家真是天生的，这些人类繁衍最古老的问题从孩子口中提出，是不是让你非常尴尬？事实上，这是对孩子进行性教育的最佳时期，胡萍老师在其著作《善解童贞》中表示，孩子的性教育应本着"不问不答、问什么答什么"的原则。

　　当孩子向你提出了他从哪里来的问题，就明确地告诉孩子："你是从妈妈的身体里一个叫'子宫'的地方出生的。""你是从妈妈的肚子里来的。"

如果孩子继续追问下去，可以就他提出的问题坦然回答，但不要超越这个年龄段孩子所能理解接受的范围。

有些父母认为，可以用性教育绘本和书籍帮助孩子认知性知识，这种方式是没问题的，但是父母需要对这类图书进行精心过滤和筛选。比如，有些性教育绘本中会出现男女交合的画面，这其实是这个年龄段的孩子无法理解和承受的，过早地给孩子看，会引发他们的过度好奇，乃至不断地追问，给父母造成不必要的尴尬和困扰。

性教育方面的绘本，在此我推荐《我们的身体》《小鸡鸡的故事》《乳房的故事》《小威向前冲》，这几本书就可以很好地让孩子认知性知识，同时也很符合四五岁的孩子的接受程度。

阶段十二：4—7岁　识字敏感期

当你发现孩子开始对广告牌上的文字、绘本中的标题等感性趣，拽着你问个不停的时候，他就来到了识字敏感期。

在这个阶段，孩子会本能地产生对识字的迫切需求，而且记忆能力特别出色，识记速度快、数量多、记得牢，识记过程也特别轻松。

妈妈在给孩子读绘本的时候，可以借助指读的方式，有意识地让孩子从读图过渡到读文字，等到5—6岁，可以开始桥梁书的介入，直至小学时期阅读纯文字书籍。

孩子在识字过程中能自然而然地获得快乐的感觉，这有助于从小培养孩子的学习兴趣及良好的学习习惯。

阶段十三：5岁　性别敏感期、角色敏感期

5岁左右，孩子开始对身体感兴趣，其实在此之前，婴儿期抠耳朵、抠肚脐，甚至长大一点了玩生殖器的行为，都是对身体的探索和认知，到了5岁左右，孩子开始意识到：其他小男孩/小女孩和我的身体不同……

从这时开始，孩子开始慢慢学会认识和接受自己的身体，逐渐开始关注更具性别倾向的东西，比如，女孩通常会更加注重装扮和选择自己的服饰、喜欢粉嫩的颜色，以及公主形象等。

这个阶段父母一定要给孩子灌输一些自我保护的观念，比如，告诉孩子小背心、小内裤遮住的地方不能让任何人碰，学会保护自己的身体，并尊重他人的身休，与他人保持一定的身体界限。

这个阶段的孩子会十分喜欢角色游戏，如扮演小动物、童话故事里的人物，甚至植物。

女孩子通常都喜欢把自己扮成白雪公主或者小仙女之类的，只要她觉得喜欢的，都乐意自己去"当"一把。

这是一个童话一般的年龄，我们大人只需要跟随孩子的思维，愉快地和他们做游戏就可以了。

阶段十四：6岁　学习文化知识的绝佳时期

孩子对文化学习的兴趣大概从3岁就开始萌芽了，但是我们并不提倡过早、过多地教给孩子太多条条框框的知识。

到了6岁，这种学习的兴趣将会变成一种探索的需求。

这个时候，孩子告别幼儿园，进入小学，有条件和机会接触更多的文化知识。

作为家长，要做的就是保护孩子求知探索的欲望，尽力为孩子提供丰富的学习资源，让孩子愉快地漫步在知识的海洋里。

第四章

✕

合理处理"分离期"，
从小培养独立的女孩

女孩几岁与父母分床睡最合适

　　我的女儿维尼在出生之后就独睡婴儿床，直到1岁的某一天，她把婴儿床睡塌了，才给她在我们的大床上找了一块栖身之地。随着女儿的年龄增长，我还是置办了一张小床，合并在大床的旁边，让她在小床里独睡，既和我们有相对独立的空间，我们也能够及时照顾她。

　　不过，她对我们的大床依旧眷恋，经常在听睡前故事的时候，跑到大床上跟我撒会儿娇，美其名曰："在妈妈床上躺一会儿再回小床上睡。"有时候干脆耍赖不愿意回自己的小床了。

　　为何让孩子乖乖地独自睡觉就这么难呢？总结下来，有3个方面的缘由：

　　对未知的恐惧：怕生疏的环境，怕忽然响起的声响；

　　触觉的需求：孩子从小睡在妈妈的身边，对妈妈的怀抱和爱抚有着很强的依恋；

　　生理的应答：如排尿、排便、饥饿等生理问题需要父母及时应答处理。

为什么要分床

也许有人会问，既然让孩子分床如此难，那不分行吗？

不行！

女孩如果长时间与父母一同睡，会养成恋父（母）情结，导致孩子日后缺乏自爱、自律，甚至构成性辨认障碍。

相反，在适当的年龄给女孩分床，能培育孩子的自立能力（学会自己脱衣服、盖被子、穿衣服、起床等），也能为今后孩子离开父母进入集体生活培养良好习惯奠定基础。

分床年龄，中外有别

对于分床睡，不少父母喜欢借鉴外国的一些经验，甚至求助于国外的睡眠师，其实分床这件事，因为国情不同，需求也不尽相同。

国外有不少家庭教育者建议：宝宝出生即分房睡。这个主要是由于西方国家一直提倡"独立性"，这种独立性他们建议从宝宝出生那一刻就开始培养。国外很多宝宝一出生就被安排睡在独立的房间，这种做法虽然容易造成触觉的满足迟缓，却很容易辨别个体存在感。

　　这也是西方国家拥抱、吻手、贴面等礼仪广泛通行的原因——幼时没有得到满足的触觉需求，到成人以后需要皮肤的触觉满足来刺激。而中国传统的抱拳礼则没有肢体触觉的接触，这和中国人小时候大多与父母同睡、皮肤触觉获得了足够满足不无关系。

几岁和父母分床、分房

　　女孩几岁和父母分床睡、分房睡最合适？

　　目前主流观点认为，孩子最好在3岁分床，5岁分房，最晚不要迟于7岁。

　　北京师范大学教育学院教授钱志亮老师在其讲座《换一种方式爱孩子（十三）关注孩子睡眠》中提出不同观点：这个问题可能还需要联系到孩子当初的出生方式。

　　顺产和剖宫产，这两种分娩方式对胎儿大脑的深度刺激、皮肤触觉唤醒、肺内羊水挤压等有所不同。顺产的宝宝是"瓜熟蒂落"，相当于是从睡眠中自然苏醒的状态来到世界上。产程过程中有强烈的挤压和触觉的满足性。那么可以和父母睡到幼儿园中班（5岁）开始讨论分床的事情，在小学之前，彻底分床睡。

　　而剖宫产宝宝相当于是从睡眠中被惊醒的状态来到世界的，几乎没有经历过产道的挤压，更不用说产程的刺激，宝宝需要更多的安抚，皮肤触觉满足后才会获得安全。所以建议剖宫产出生的女孩到7周岁，再开始讨论分床睡，等到10周岁彻底实现分床和分房睡。

具体几岁分床、分房，父母要根据孩子自身的实际情况出发，而非一味地相信某个人或者某一个国家地区的标准，毕竟每个孩子都是独一无二的，没有人比作为父母的你更了解自己孩子的需要。

女孩在分床前要和母亲同睡

不论女孩在婴儿阶段是母乳喂养还是奶粉喂养，在分床前，都建议与妈妈同侧入睡。即女孩在最左边或者最右边（最里边），中间是妈妈，爸爸在最外边。

这样做对女孩最大的好处是可以保证女孩对性别的认同，避免睡眠时因对身体的好奇心触碰父亲生殖器的尴尬，同时夫妻可以拥有很好的睡眠状态。

但这并不能作为父亲做甩手掌柜的理由，更不能干脆移到客厅或者其他房间睡。在女孩深夜需要照顾的时候，爸爸同样也要打起精神头，即便不能亲力亲为喂奶，递个枕头，帮着递块毛巾总是力所能及的！

注意女孩的"分床信号"

孩子提出类似问题

随着女孩慢慢长大，会开始渴望拥有自己的空间。有时她们会问："爸爸妈妈，为什么你们有自己的房间，我却没有？"这个就是很明显的"分房"信号了，父母应该把握时机。

有明显性别意识

突然有一天你会发现，女儿开始不愿让爸爸触碰自己的身体，更别提让爸爸给自己洗澡了，上厕所时也不要他陪，当着家长的面穿脱衣服会表现得有些扭捏，这说明孩子性意识开始萌芽了，这个时候就要考虑分房的问题了。

如何顺利实现分房

告诉孩子，独自睡觉和自己穿衣吃饭一样，都是自立的表现，这代表宝宝是个大孩子了，是值得表扬和鼓励的。

遵守"先分床后分房"的原则

可以采用先分床、再分房的办法，一开始先让女孩在父母大床旁边的单独小床入睡，父母跟孩子"同房不同床"。等到女孩具备独立睡眠的能力，再慢慢过渡到分房，让女孩实现真正的"独睡"。

让女孩对独立的房间充满憧憬

和女孩分房这件事，至少要提前半年做准备。父母可以多问女孩几个问题，你想要一个属于自己的房间吗？如果你有自己的房间，你会怎么装饰它呢？你的娃娃会放在哪个位置呢……经常带女孩去看看家居店、购买女孩喜欢的装饰品，让她对自己未来的房间充满期待。

睡前营造温馨氛围，等孩子睡着后再离开

分房后父母可以轮流陪伴，每晚给孩子讲睡前故事后，有仪式感地吻吻孩子的额头，关掉夜灯，陪到孩子睡着后再离开。

或者先跟妈妈睡，等睡着了，父母再把孩子抱到自己床上去。次数逐渐递减，直到最后孩子可以实现自己独睡。

需要注意的是，实现分房后，当孩子生病或者情绪特别脆弱的时候，父母不要僵守原则强行要求孩子回自己的房间，这对孩子安全感的建立十分不利。

学会自理，让女孩拥有精致生活的能力

有一档亲子教育综艺节目，里面有对母子曾火爆一时。

孩子在天台上"控诉"母亲"逼"他做家务，他要刷碗、拖地、择菜、做饭，还要学习背课文，因为家务太多导致他背课文都背错了。

可是这位妈妈，温柔且坚定地告诉孩子："家务是生活的一部分，你已经长大了，你必须承担。"

这位妈妈说了这样的一段话："将来你的另一半，她也是千娇万宠的一个孩子，她也是她爸爸妈妈的心肝宝贝，为什么她要跟你受委屈呢？为什么她要承担全部的家务？她也要工作，她也要学习，她还要带孩子……现在让你做家务，是为了让你有责任感，到将来，你会对你的家人承担责任。这就是妈妈让你做家务的初衷。"

身为女孩家长的你，是否心动想赶紧给女儿预定这样的准婆家了呢？

做家务，包括培养孩子的自理能力，不管男孩还是女孩，都应当从小入手，让它成为影响孩子一生的良好品格。

同样是这档节目，一名女孩向妈妈吐露了她的内心：

在上高中之前，她一直在妈妈的庇护下长大，生活无风也无雨。她一直认为，生活就是这么岁月静好的。

直到有一天，一个人来到离家600多公里的高中读书，她才终于发现，生活并不像自己想象中那么容易：

她不会洗衣服，于是脏脏的校服穿了一个星期；

她睡觉会踢被子，在家里都是妈妈帮她盖好，现在只能自己睡眼惺忪从上铺爬下去捡……

她觉得自己什么都不会，生活的挫败只能独自面对，女孩甚至以为妈妈不要她了。

诗人于戈曾说："你什么都可以给孩子，唯独对生活的经历、喜怒哀乐、成功挫折，你无法给孩子。"

与后面这名"什么都不会做"的女孩相似的孩子，不在少数，尤其是孩子到了初高中的阶段，父母渴望孩子能够取得一个好成绩，考上一所好大学，总会说出这样的话："只要你能取得好成绩，爸爸妈妈再苦再累都值得，现在你什么活都不用干，努力学习就可以了。"

2018年，我国首份《中国义务教育质量监测报告》发布。这份报告数据来自2015—2017年期间抽取的全国31个省（自治区、直辖市）和新疆生产建设兵团的973个县（市、区）572314名参加监测的学生。

报告显示，只有68.4%的四年级学生和68.6%的八年级学生在家会做家务劳动，只有53.1%的四年级学生和38.2%的八年级学生主动积极地参与学校和班级劳动。

有一名天才少年，17岁，在别人还没有完成高中学习时，他就以优异成绩考入中科院研究生院。

按理说，如此成绩优异的高才生，该是学校的重点培养对象，却不料，少年还没有取得研究生学历，就被学校勒令劝退。

被劝退的理由，让人瞠目结舌：生活自理能力太差！

下雪天还穿着单衣、拖鞋在校园里穿梭，从来不知道打扫卫生，臭袜子、脏衣服在寝室随处可见，甚至无法和同学正常交流。

这名天才少年的父母认为，孩子成绩好，将来才有出息，所以从小到大，除了学习，家里任何事情都不让孩子插手。

付出感的教育，父母大包大揽了一切，不会养出天之骄子，只会培养出高分低能的孩子甚至白眼儿狼！

教育家蒙特梭利说："如果我们要拟定一项育儿原则的话，那么，第一个原则就是必须让孩子参与到我们的生活中来。"

让孩子做与他年纪和能力对应的家务，真正目的并不是为父母分忧解难，而是让孩子身心得到一系列的培养，让孩子体会到，承担自己能力所及的劳动，保持家庭环境的整洁，是自己的一份责任。孩子享受到自己的劳动成果，体会到什么是"成就感"，才能更有同理心地去珍惜别人的劳动成果。

在做家务的过程中，难免会出现一些对孩子来说比较棘手的问题，这能让孩子在劳动中获得动手和独立解决问题的能力，也能培养他们主动思考的习惯和细致耐心的品格。

有的父母认为，可以以有偿的方式来激励孩子做家务，我并不赞成这样的方法！

做家务是孩子作为家庭成员应当承担的责任，而不是作为雇员换取报酬。

如果孩子习惯有偿劳动，他会认为这是理所当然的，因为这是在为父母服务。当有一天父母不再支付他报酬而要求他做家务的时候，孩子首先会问：凭什么？！

很多时候，孩子看到我们做家务执意要参与进来，在他们眼里，这或许并不是一项艰苦的任务，更像是游戏。

家长不妨就和孩子以游戏的方式进行家务劳动。

刚开始接触家务的孩子，多少会有点笨手笨脚的，像洗碗、洗衣服之类难度系数比较低的家务，可能都会把卫生间、厨房搞得一团糟。

这个时候，家长记住不要训斥孩子，也不要否定孩子的劳动成果，比如，孩子洗衣服可能洗得不够干净，家长可以对孩子洗衣服这个行为表示肯定和赞扬，并且进一步告诉孩子怎么洗才能够更干净。

有一天，我在卫生间给女儿洗小背心的时候，她执意要自己洗，然后搬来了一个小板凳，有模有样地给小背心涂肥皂。

尽管一个小背心用掉了半块肥皂，还没投洗干净就开心地嚷嚷洗完了，但我还是对她自己洗衣服的行为表示了赞扬，鼓励她说下次一定比这次洗得还好。

只不过趁她不注意，我偷偷地重新洗了几次才拿出去晾干……

我的认可和鼓励让女儿很有成就感，下一次她还嚷嚷着要自己洗，边洗边玩肥皂水，不亦乐乎。

而且每次她自己洗衣服的时候，都非常有仪式感，一定要戴着她最喜欢的帽子，穿着她最喜欢的罩衣……那样子让人忍俊不禁。

美国育儿专家伊丽莎白·潘特丽曾针对不同的年龄孩子设计出一份《儿童学做家务的年龄表》，我们在此基础上，结合我国的国情做以修改：

9—24个月

可以给孩子一些简单易行的指示，比如让宝宝自己把脏的尿不湿扔到垃圾箱里。

2—3岁

▷学习如厕，独立脱裤子、清洁、穿裤子。

▷ 可以在家长的指示下把垃圾扔进垃圾箱，或当家长请求帮助时帮忙拿取东西。

▷ 帮妈妈把衣服挂上衣架。

▷ 使用马桶、刷牙，用一个小喷壶帮忙浇花。

▷ 晚上睡前整理自己的玩具。在这个阶段让孩子学会整理玩具十分重要，这有助于孩子秩序感的建立。

这个阶段的孩子参与任何一项家务，只要在安全的范围，父母都不应加以阻拦。对于他们来说，这些事都像是一场游戏。

3—4岁

▷ 更好地使用马桶。

▷ 洗手，更仔细地刷牙。

▷ 认真地浇花。

▷ 收拾自己的玩具，喂宠物。

▷ 帮父母拿小件快递。

▷ 睡前铺床，如拿枕头、被子等，起床后自己整理好床铺。

▷ 饭后自己把盘碗放到厨房水池里。

▷ 帮助妈妈把叠好的干净衣服放回衣柜。

▷ 把自己的脏衣服放到装脏衣服的篮子里。

4—5岁

▷ 熟练掌握前几个阶段要求的家务。

▷ 帮忙摆餐具，从帮父母拿餐具开始，慢慢到帮忙摆盘子。

▷ 饭后把脏的餐具放回厨房。

▷ 学会叠衣服，收纳袜子。

▷ 自己准备第二天要穿的衣服。

5—6岁

▷ 熟练掌握前几个阶段要求的家务，并能帮忙擦桌子、铺床、换床单。

▷ 自己准备第二天去幼儿园要用的书包和要穿的鞋（以及各种第二天上学用的东西）。

▷ 收拾房间（会把乱放的东西捡起来并放回原处）。

▷ 开始掌握到超市购物的能力（购买20元以内的商品）。

6—7岁

▷ 熟练掌握前几个阶段要求的家务，并能在父母的帮助下洗碗盘。

▷ 能独立打扫自己的房间。

7—12岁

▷ 熟练掌握前几个阶段要求的家务，并能做简单的饭。

▷ 吸地，擦地，清理洗手间、厕所，扫树叶、扫雪等。

▷ 会用洗衣机。

▷ 下楼倒垃圾。

13岁以上

▷ 熟练掌握前几个阶段要求的家务，并能换灯泡、换吸尘器里的垃圾袋。

▷ 擦玻璃，清理冰箱，清理炉台和烤箱。

▷ 做饭，列出要买的东西的清单，去超市购物。

▷ 洗衣服（全过程，包括洗衣、烘干衣物、叠衣，以及放回衣柜）。

最后，将我对女孩拥有自理能力的观点传递给各位家长：

让孩子从小拥有这种能力，能够做好与之年龄相对应的家务，并不是为了将她养成一个今后进了婆家门洗衣擦地的保姆，而是让她拥有即便一个人生活，也能很精致、很舒服的能力！

如何应对女孩的入园及分离焦虑

几岁是女孩入园的最佳年龄

孩子从出生开始，就要经历与母亲的第一次分离；当她慢慢长大，发现自己并不是这个世界的唯一，开始逐渐认知妈妈、爸爸的角色之后，就开始面临与妈妈的第二次分离。

相对男孩而言，女孩的语言发育速度更快一些，3周岁时，可以很好地用语言表达简单的诉求，也具备了独立吃饭和如厕的能力，这个时候，女孩的心理上已经做好了与父母分离的准备。一般来说，3周岁是女孩入园的最佳年龄。

父母可以参考以下的入园能力标准：

▷ 自理能力：自己会穿脱衣服，知道自己大小便，自己吃饭；

▷ 语言能力：能听懂成人的话，表达自己的需求；

▷ 交往能力：知道和小朋友友好相处，不打、不抓小朋友。

为什么要送孩子上幼儿园

有些家长送孩子入园的原因简单粗暴："我可管不了她了，送幼儿园让老师好好管管她！"其实这是不正确的。

对孩子的教育不是某一个地点、某一时间、某一个人可以完成的，它是一项比较全面、需要较长时间、很多人一起配合的工作。

比如，孩子到了幼儿园不挑食不剩饭，可回到家里，家长却随孩子的意，不想吃就不吃，怎么能形成好习惯呢？

长时间下来，孩子在家里和在幼儿园是两个样，那就别怪自己的孩子变成两面派了。送孩子上幼儿园这件事，父母一定要端正态度，不要把幼儿园当成代替父母管孩子的工具。

送孩子进幼儿园，父母本着以下原则是合理的：

▷ 培养孩子良好的生活习惯；

▷ 让孩子形成良好的性格；

▷ 帮助孩子建立健康的情感世界。

建议父母在给孩子择园的时候，多和园长聊一聊，看看园长的育儿理念和你的育儿理念是否一致，这一点很关键。

另外，父母还需要关注一个重点：孩子对这家幼儿园的态度。

有的幼儿园家长看着满意，千好万好的，但就是不合孩子的口味，想来也是一种辜负。

毕竟，给孩子最想要的比给我们觉得最好的更重要。

入园前给女孩的心理疏导

在入园之前，一定要让女孩知道她要去上幼儿园了，会进入一个和家里完全不同的环境，而且要在这样的环境中待一天，直到爸爸妈妈来接。

爸爸妈妈在日常生活中可以用一些话术来给孩子心理暗示，做好入园前的准备。

当然，这样的说话技巧是非常有讲究的。

例如：

"你是个好孩子，所以可以上幼儿园。"

——让孩子知道，幼儿园是个奖励孩子的地方，是一个非常美好的地方。

——不要对孩子说"你要是再不听话，我就把你送到幼儿园去"之类的话，无形之中会让孩子觉得幼儿园是个惩罚孩子的恐怖之地。

"爸爸妈妈要上班，宝宝要上幼儿园。"

——有首儿歌唱得好：爸爸妈妈去上班，我上幼儿园，我不哭，也不闹，说声老师早！

让孩子知道，就像爸爸妈妈每天要去上班一样，宝宝上幼儿园是必须做的事情。

"虽然和你分开，但是我们仍然爱你。"

——让孩子知道，把她送到幼儿园不是抛弃她。

"除了爸爸妈妈，现在还有老师喜欢你，你多幸福呀！"
——让孩子知道，上幼儿园并不意味着失去什么，而是得到更多。

"你在幼儿园能认识更多的朋友。"
——让孩子知道，幼儿园里还有很多其他的小朋友和她一起玩儿，她并不孤单。

"老师会和你做很多你喜欢的游戏。"
——让孩子知道，在幼儿园里会做什么事情。避免用"本领"这样的字眼，因为孩子并不关注她能学到多少本领，而是能得到多少关爱。

经常与女孩谈论或参观幼儿园，使孩子对幼儿园产生期待。

如何处理女孩的分离焦虑

伴随着孩子入园，最让家长头痛的一件事，莫过于孩子的分离焦虑。
分离焦虑，到底是怎么产生的呢？

这是因为婴儿阶段的孩子还不能很好地理解一件事：我们与看不见的人或事物依旧存在连接，也就是"客体恒常性"。

举个例子，和1岁左右的宝宝玩躲猫猫，当妈妈藏起来宝宝看不到时，宝宝可能会惊恐地大哭，以为从此看不到妈妈了。但是当妈妈重新出现的宝宝面前，宝宝会破涕为笑。

"躲猫猫"游戏是一种非常好的客体恒常性训练，会让孩子体会虽然他看不到妈妈，但是无形中依旧与妈妈存在连接，妈妈并没有消失。

随着年龄的增长，一般孩子在3岁时能够很好地理解分离不等于消失，有的孩子已经能够坦然面对和父母的分离，做好心理调节。当然，在入园阶段，还有很大一部分孩子会出现让家长头痛的分离焦虑。

对于出现分离焦虑的孩子，家长们要有足够的耐心帮助他们度过这个阶段。

家长不能心软动摇

孩子不愿意离开爸妈去上幼儿园，在排除孩子在幼儿园被虐待的可能性后，爸妈不管孩子怎么哭闹，都要坚持一个原则：坚持送园！坚决杜绝三天打鱼两天晒网。

要相信幼儿园的老师，积极配合老师来帮助宝宝度过入园的分离焦虑期才是正道。

有仪式感地告别

把孩子送到老师手中，很正式地道别之后立刻转身离开教室，不要偷偷溜掉，也不要偷偷地趴在教室外的门缝或者窗口往里张望。

有的父母一直很不理解为什么要和孩子有仪式感地告别，趁孩子不注意偷偷溜走不行吗？真的没办法好好说再见呢！

在孩子还不能很好地理解"客体恒常"时，会认为看不到的即是消失了，没有言明的分离，很容易让孩子理解为自己被父母抛弃了！这极为容易形成幼年的创伤而影响成年之后的行为。

看看你身边有没有这样的朋友，当他联系你时，如果一时没有打通你的电话或者你没空接电话，他会感到不安甚至崩溃，或者认为你在故意躲着他。

其实是他内心里那个幼小的孩子，并不能确定自己是否还和你建立着某种链接，还依旧被关爱着。

和孩子告别的时候，可以明确地告诉孩子你几点会来接她回家。

刚入园的孩子没有时间概念，可以告诉她：等她吃完晚饭，再玩一会儿，妈妈就会来接你了！

需要注意的是：答应孩子的事一定要做到！如果因为客观原因无法兑现承诺，一定要和孩子好好解释并恳求孩子原谅。

大部分孩子，都是在和父母分别的时候大哭一阵子，等爸爸妈妈走掉，孩子进到教室里，和小朋友玩闹一番，就全都好了。

有一些孩子，在早期由于照看的人相对比较单一（可能一直只有妈妈带），分离焦虑的情况比其他小朋友更明显些，在离开妈妈后会局促不安，比较长时间难以适应幼儿园的集体生活，一哭就是一整天。这样的孩子难免需要父母和老师付出更多心力，但是，请相信宝宝的适应能力，只要多给他们一点时间，这个阶段一定会过去的。

在经过一段时间的入园适应后，每个孩子都会开心地奔向幼儿园，因为幼儿园里每天的内容实在是太丰富了，他们会在这里见到家里见不到的，会在这里结识更多小朋友，而这种氛围是家庭无法提供给他们的。

降低对孩子的期望值

有位妈妈向我抱怨孩子的适应能力太差了："试园也试了，之前还一直在上早教班，按理说这孩子应当很适应集体生活的环境了吧，为什么一送到幼儿园还哭呢？"

这样的孩子其实不是个例。老实说，我不觉得孩子有问题。真正的问题是，父母对孩子的期望过高了！

按照我们成年人的逻辑，孩子有过类似的经历，熟悉了环境，就应当能够很快适应新的环境了——这是在按照成年人的适应能力标准来衡量孩子。

孩子有早教班的学习经历，体验过和老师及其他小朋友的互动游戏，但那种环境是爸爸妈妈陪在身边的。而幼儿园里的学习和生活，爸爸妈妈不在身边，他们要独自去面对。有没有父母陪同，这对于孩子来说是天壤之别。

在一个陌生的环境里一下子没有了父母的陪伴，孩子的确需要一段充足的时间好好适应一下。

适应能力强的孩子是存在的，但不是所有孩子都能这样。家长都希望自己的孩子是万里挑一的，但其实他不过是一个普通的3岁小孩。

要保持平常心，你的过高期望对孩子来说其实是一种伤害。

在我和众多父母的沟通中，我经常感觉到，其实更多的分离焦虑来自父母。

有一位爱女心切的爸爸，在送女儿上幼儿园后，偷偷跑到没人的地方抹眼泪，因为他感觉孩子长大了，很快就不受自己的管控了……

父母之爱，是一场又一场得体的退出。从孩子降生、与母体分离的一刻开始，成长就意味着一次次的分离。

希望爸爸妈妈们，在孩子的成长中，看得到那个独立的小小的身影，也看到必须独立的自己。

爱孩子，就是在你能陪伴他的时候给他足够多的爱，不能陪伴在他身边的时候，给他足够多的能量和信任。不要把任何愧疚、焦虑的情绪传递给孩子，更不要传递给孩子"送他入园是受苦"的信息。

你的一切情绪，孩子都感知得到！

会说话了还是爱用哭来表达，怎么办

一般来说，女孩的语言发育要早于男孩。跟男孩相比，女孩能够更早就清楚地表达完整诉求，但是，有表达诉求的能力，并不意味着就能很好地利用语言。

其实，大部分3岁左右的女孩都还没有真正感受到语言的力量，在遇到困难或者有诉求的时候，还停留在婴儿时期最原始的用"哭"来表达诉求的阶段。

这也是为什么不少妈妈会感觉到，女儿特别爱哭，遇到什么事都哭：

玩具被抢了，哭。

想要什么东西不给买，哭。

搭积木搭不上或者系扣子系不上，哭。

稍有不顺心的事儿就哭……

妈妈通常很心累，爱哭的娃把情绪搅得一团糟，最后只能放出一句最没用的狠话："不许哭，再哭妈妈不喜欢你了。"

我们总是在教育孩子"有话好好说"，可是，到底怎样才能让孩子好好说话?

这个问题也是我女儿在3岁半的时候抛给我的。

3岁,像一个分水岭,在此之前,处于婴幼儿阶段的孩子,所有的情绪和需求都是用哭来表达,妈妈通过哭声来辨别孩子的需求,究竟是冷了饿了,还是寂寞无聊了。

0—3岁,宝宝是"输入"的过程,通过听觉来完成词汇量、语速、语调、语气的学习和辨别。

在这个过程中,我们通过日常的语言交流、绘本、特有名词描述等方式完成了"输入",让宝宝在3岁前建立大量的词汇和句子的听觉记忆。

这个过程也是在建立母语语言体系的基础。

如果在0—3岁没有很好地奠定基础,3岁后,宝宝就会出现语言表述单一、词汇量重复等现象。

孩子在3岁开始进入语言爆发期,在此后的3年里,孩子的词汇量会从1000个猛增至3000个。

3—4岁的阶段是语言发展最快速的时期。

此时如果孩子还停留在只用哭来解决一切的状态是不行的。

错失了训练用语言表达的良机,即便今后给孩子报口才班,训练平翘舌,练习字正腔圆,都无法弥补语言逻辑混乱的缺点。

有一天,我帮女儿洗手的时候,顺便给她洗了一把脸。

事前我并没有告诉她"妈妈要给你洗脸",并且也没有用围巾把她的前胸半身围上，所以孩子以为自己就是洗个手而已。

当我用水拍到女儿脸上的时候，她吓了一跳。她马上试图用语言制止我：不要给我洗脸。然而此时她的情绪已经控制不住了，于是她开始很崩溃地大哭，一边哭一边含糊不清地说。

我意识到自己行为的愚蠢，有点手足无措，默默地给她擦掉了身上的水，然后一直抱着她，轻轻拍她的背，直到她不再哭为止。

等她平静了一些，我再问她："宝宝，你为什么哭？"女儿还有点哽咽，但是她已经可以说出话了。

她说："妈妈，（因为）你没有按照我说的做，所以我就哭。"

我说："是因为我没有事前告诉你，我们要洗脸。而且当你制止我的时候，我并没有停手。你感到不开心，是吗？"

女儿点点头："是的。"

我把她揽在怀里："抱歉，宝宝，妈妈错了。"

女儿说："没关系。"

我接着说："宝宝，你刚才说得很好。妈妈听懂了你的意思。你可以将情绪发泄出来，但是你哭完要告诉妈妈为什么哭，这样好好说，我们的问题就可以解决了，妈妈理解你。"

女儿问我："妈妈，怎么是好好说话？"

我摸了摸她的头："你刚才就是在好好说话。"

当我将这件小事作为例子讲述给一位向我咨询的妈妈听

时，她的反应是这样的："你太顺着孩子了，你给她洗脸这件事没有什么不妥，她为什么会不高兴，还要哭？这样的情况你都不批评她，孩子的脾气会不会越来越大？"

或许很多妈妈都有和这位妈妈一样的疑惑，在这里，我和大家分享一下我对女孩爱哭这件事的看法和对她的引导。

关键词一：搞清楚事因

我想，想要解决孩子"只会哭不懂利用语言表达"的问题，首先应当了解孩子在每个年龄段的特点。

在上面所说的我女儿洗脸的例子中，我的做法是尊重孩子的秩序敏感期。

0—6岁的孩子，秩序敏感期可以分为3个阶段（具体可参见本书第三章的内容），并且呈现螺旋上升的趋势。

不管在哪个阶段，孩子很多在成年人眼里看起来就像"强迫症"一般的秩序感，还是要满足并且保护为佳。

比如，我女儿每天洗脸，都要遵从一定的秩序：先刷牙、漱口，然后我从墙上摘下毛巾给她围在胸前，她要照着镜子端详一会儿自己，做出几个可笑的表情，我一边给她洗脸，她一边变换着表情。

有时候，我洗的次数她也是要计算的，"洗10把小狗脸儿"，多一下不行，少一下也不行。

遵从这样的秩序，她不会出现情绪波动。但是上文中，我打破了她的秩序，因此她感到非常不安，于是她出现了情绪崩溃的反应。

当妈妈们了解了孩子所处的阶段，以及这个阶段的特殊需求后，自然就能明白孩子哭是有原因的，并非无理取闹，应该会释然很多吧！

关键词二：情绪管理

了解了孩子的"哭"是事出必有因之后，接下来就是如何对待孩子"哭"及连带的负面情绪的问题了。

请父母们试用下面的情绪管理三步法：

共情：父母要设身处地体会孩子的感受。共情不一定需要用语言说出来，父母安静地待在孩子身边，抱抱或轻轻抚摩孩子的背部，也能让他们释放情绪，安静下来。

给情绪命名：孩子未必能精准地描述让自己不开心的情绪。当孩子哭过后，父母要向孩子询问了解，并帮助孩子给情绪命名，如因愤怒而哭，因伤心而哭，还是因委屈而哭。

解决问题：待孩子完全冷静下来之后，帮助孩子梳理情绪爆发的前因后果，并且给孩子提供解决办法，可以用二选一的方法让孩子去选择解决方案。

父母懂得帮助孩子梳理情绪，是形成孩子良好语言逻辑的重要一步！

值得关注的是，孩子进行情绪管理最佳时期始于3岁，这与孩子的语言爆发期是重叠的。

关键词三：鼓励、鼓励、再鼓励

梳理了情绪之后，便是鼓励孩子用语言表达了。

最初，孩子由于词汇量的积累及语言能力发展的受限，也许并不能将一件事用三言两语很好地表达出来，甚至会说得前言不搭后语，只要孩子试图努力去说了，哪怕只是一两个字，妈妈也要及时给予孩子鼓励和认可。

孩子都希望得到父母的认可。这种认可和鼓励可以激发孩子继续说下去的信心。

这个过程需要父母有一定耐心，并且循序渐进。注意，不管这个过程中孩子表现如何，进度如何，都不要对孩子有任何的打击和横向比较。

我女儿刚开始上幼儿园的时候，每天送到幼儿园门口都要歇斯底里地哭，哭得我都有点于心不忍但又毫无办法。

后来，我试着安抚她的情绪，然后引导她说出"哭"的原因，她说是"不愿意和妈妈分开"，感到"分离"很难过。我对她的情绪表达了理解，并鼓励她以后可以试着用说代替哭，我们可以一起想办法。

后来有一次，女儿在幼儿园的教室门口再一次出现了情绪波动，她的眼泪在眼圈里打转，但是很清晰地向我表达了情绪："妈妈，我不想进教室，我感到很难过，因为我不想让你离开……"

说完她擦了把眼泪，抱住了我的脖子。

完整的表达，某种程度上其实也释放了她"难过"的情绪。听完她的话，我给了她一个充满仪式感的分离抱抱，告诉她其实我也很舍不得她，并且承诺今天工作完会早点来接她，保证她下课后一走出幼儿园就能看到我。

得到我的共情和承诺，女儿似乎安心了不少，于是转身跟我说再见，自己走进了教室。

要让孩子感受到，说出来才可以解决问题，光哭是没用的。

关键词四：亲子阅读

海量的亲子阅读对孩子的语言逻辑发展是十分有利的。

妈妈们都说，每天给孩子讲故事的时候，他们都是听得心不在焉的，有一搭没一搭地看，以为这并不会起到什么作用。

其实不少优秀的绘本语言，已经在潜移默化中将基本的语言逻辑植入孩子的大脑。

举个例子，经典绘本《逃家小兔》中，小兔和兔妈妈反复叙述的：

"如果你变成溪里的小鳟鱼，"妈妈说，"我就变成捕鱼的人去抓你。"

"如果你变成捕鱼的人，"小兔说，"我就变成高山上的大石头，让你抓不到我。"

绘本《我爸爸》中的："我爸爸吃得像马一样多……"

这两个例子中涉及的比喻修辞"像……一样"，条件复句"如果……就……"，不需要等到以后上了作文课才学，在绘本阅读的同时，就已经能让孩子在特定语境里模仿句子造句，并且运用到实际的生活中了。

在我们公众号的亲子阅读群里，经常有妈妈反馈，3岁左右的孩子在阅读绘本之后，在生活中可以很熟练地运动比喻、夸张等修辞造句，也可以正确熟练地运用复合句式：

"妈妈的围巾像风筝一样。"

"虽然我今天不能去，但是我明天可以去……"

再如：

阅读立体绘本《鳄鱼先生的立体游戏屋》，有的妈妈在给孩子讲述时着重顺序概念，比如从大到小，从远到近，从上到下，从前到后，从左到右，从里到外。

鳄鱼先生的日常：先刷牙后吃饭，先洗脸洗脚再睡觉等。

宝宝了解了这些顺序的概念，有助于他们形成良好的语言逻辑。

现在市面上也有"教会孩子表达"的系列绘本，其中针对性非常强的故事会对孩子习惯语言表达起到心理自助的作用，但难免说教成分过于明显，其中利弊，妈妈们可以自己衡量。

最后提一句最关键的，孩子的模仿力超强。一个说话条理清晰、思维缜密的妈妈，养育出的孩子同样能把话说得清楚明白，有条有理。

一个说话含含糊糊，颠三倒四，甚至不会好好说话的妈妈，孩子也不会从妈妈的言行中获得如何好好说话的信息，大概会长成和妈妈一样不会好好说话的人。

第五章

好习惯和基础能力，决定女孩的未来

早期亲子阅读有什么用？好处比你想的还要多

最近4年我一直在坚持并推广亲子阅读，最初也曾被不少父母质疑："这么小的孩子，大字不识一个，能看书？"

但当他们真正对亲子阅读的内容和方式深入了解之后，会发现坚持这项早期教育，不论是对父母还是孩子，都会意义非凡。

亲子阅读读什么

常常看到有妈妈带着几个月大的孩子看识字卡片，一两岁开始看纯文字的《百家姓》《千字文》。

孩子对面前的白纸黑字一脸蒙，妈妈一个字一个字地指着教，最后发现孩子并不感兴趣。周围长辈也开始指指点点："累不累啊？孩子都没童年啦！""现在就开始看书，是想培养学霸怎么的？"

其实，早期亲子阅读的正确打开方式，应当是带着孩子

"读"绘本。

绘本，又称图画书。它的特点就是图文并茂，紧密结合。

适合婴幼儿"阅读"的绘本，有防止孩子撕坏的布书、纸板书、泡沫书、发声书，能够让孩子体会不同材质的玩具触摸书，还有能让孩子体会空间感、将平面图画变得立体生动的立体书，以及带着小机关的各类互动游戏书等。

相比成年人读的书籍，绘本更像是纸质的早教玩具，让孩子在玩中学习和认知。

当孩子处在婴幼儿时期，父母带领孩子读的，是绘本中的图画。

0—6岁，孩子处在具象思维阶段，他们通过具体的图形图像认知、学习和理解。文字对于此时的孩子来说，就是一种奇怪的符号。而画风迥异、色彩斑斓的图画，更能激起他们的兴趣。

科学家魏坤琳老师说：孩子在婴幼儿阶段，他们的语言能力尚未发展起来，也不会用语言的方式记忆。而此时的孩子，对图像却能够"过目不忘"，记得非常牢。随着孩子大脑的发展，这种视觉记忆方法会逐渐退化，让位于对孩子来说更重要的语言发展。这就是为什么小孩子的读图能力比大人强。

孩子更喜欢阅读绘本，正是因为绘本符合他们的发育特点。

而且，在与孩子进行早期亲子阅读的时候，父母也不能仅仅枯坐朗读，而要以绘本内容为基础，演绎成家庭小剧场或亲子游戏，带领孩子进行亲子互动。

这样，亲子阅读不再是简单的"阅读"，而是一项快乐的早教游戏。这个寓教于乐的过程，孩子高兴还来不及，哪儿来的"累"呢？

亲子阅读究竟有什么用

培养孩子的审美能力

绘本的精髓在于图文紧密结合，家长在读字的时候，孩子在读图。不同风格的图画，就像一把把给孩子打开艺术之门的钥匙。

在不少儿童美术机构，绘本是一种作为辅助孩子学画的工具存在，让孩子阅读不同绘画风格的绘本，从小近距离接触不同的绘画风格和技法，也能激发孩子握笔涂鸦的兴趣。

保护孩子的专注力

孩子的专注力是与生俱来并随着年龄的增长不断发展的。

亲子阅读的过程，其实就是父母和孩子共同关注的行为，父母的阅读带动了孩子关注这本书的兴趣，绘本中生动的故事情节和丰富的图画让孩子思考、提问，发掘更多的隐藏信息。

丰富孩子的词汇

阅读绘本不仅可以引领孩子看优美的图画，同时，优美的绘本语言也能够通过父母朗读的过程输送给孩子。

常常有妈妈惊叹，孩子语出惊人，有些词语父母并没有刻意教过，一问才知，孩子是在亲子阅读的过程中学会的。

孩子在单纯的读图阶段，会读到图片中丰富的隐藏信息，尤其在3—4岁的语言爆发期，父母可以引导孩子将看到的图片说出来，由最初简单的词，慢慢连贯成句子，最后组成故事。这种看图说话的训练，会为孩子进入小学后的作文夯实基础。

对识字有辅助功效

早期亲子阅读并不为识字，而是帮助孩子建立良好的阅读习惯。有着良好阅读习惯的孩子，经过了海量的阅读，进入识字敏感期后会逐渐由读图过渡为读字，而且这种识字方式不是刻意的，不是通过识字卡片生硬的记忆。

增进亲子关系

日本绘本之父松居直先生在《幸福的种子》一书中曾说：

幼儿最大的财富是健康、亲情与语言，如果有人经常紧紧地拥抱他，用温柔的声音对他说话，孩子就能通过肌肤的接触和语言的交流，感受到亲情。幼儿充分体验到这种感情，心灵会一点儿一点儿地充实起来，成为一个内心丰盈的人，这其中又以语言的影响最为重要。

我在和女儿亲子阅读的时候，往往会通过一个绘本故事，看到背后隐藏的孩子在某一个阶段的心理和行为特点，这样的故事不仅让孩子感受到了她的情绪和行为被接纳，更让我懂得了如何分析和应对孩子在0—6岁阶段独特的行为特点，更能接纳她的情绪和行为。

如何培养孩子的早期阅读习惯

现代家庭教育提倡亲子阅读越早越好。

阅读的方式不仅仅有眼睛看，更有用耳朵听的"听读"方式。

听说读写，听是最基础的方式，而听读其实从孩子还在妈妈的肚子里便开始了，新生儿因视力原因不可能立刻用眼睛来阅读图片，但是他们的小耳朵已经能够很好地听东西了。因此，孩子刚出生，爸爸妈妈就可以给他们读好听的故事了！

在10个月至1岁左右，孩子可以稳坐、攀爬，各项能力都有了明显提升，视力也已经达到可以很好地观察房间内事物的程度，这时，用眼睛看的"阅读"方式，也真正开始了。

刚接触阅读的时候，父母会很头疼：孩子坐不住。往往爸妈刚坐下来给宝宝读，宝宝就跑掉了，怎么抓也抓不回来。

阅读习惯并不是孩子先天具备的，这跟孩子天生拥有吃饭的本能完全不同。孩子需要花上一段时间来对绘本这种东西进行充分认知，跟它混熟了，才能坐下来很好地"读"它。

当然，最初孩子和绘本的相处也并不友善，一本崭新的书用不了多久就会被撕得"豁牙浪齿"，甚至沾满了孩子的口水和牙印。请父母们把心态放平和，前文我们已经提到，这个阶段的孩子其实处在两大敏感期：口的敏感期和手的敏感期，因此，绘本在这一阶段是消耗品！父母在购买绘本的时候，可以选纸板书、布书、泡沫书等耐撕材质。

另外，最初接触阅读的时候，孩子不可能稳稳当当地坐下来看书翻页的，这跟他们的年龄和心智发育程度有关，在本书前面的章节中，我们概括了6岁前不同年龄段孩子的专注力时长，亲子阅读初期的孩子，能够稳坐1分钟就已经很棒了！

父母可以用这种方式来培养孩子的阅读习惯：每天固定一个时间，固定在家里的一个地方给孩子读绘本。

例如，我在每天傍晚6点和女儿进行亲子阅读，从最初的10分钟，慢慢到20分钟、30分钟，逐渐将时间延长……坚持下来，你会发现孩子有明显的进步。

我女儿最初只能看完《鼠小弟的小背心》前半部分的故事，后来逐渐可以看完整个故事，到后来可以和我共读整部书的第一辑。

当孩子能够和家长一同阅读完一本10页左右的绘本，并且有每天都要看绘本的意识时，说明孩子的阅读习惯已经养成。

0—6岁女孩适读绘本推荐

一般来说，3岁前的绘本不分男女的，但是随着孩子的年龄不断增长，尤其是有了性别意识之后，妈妈们通常会发现，男孩女孩的兴趣喜好逐渐得以区分，对选择绘本的"性别意识"也越来越明显了。

这个时候，父母可以投其所好。

我的理念是，养女孩就要有女孩的样子，不当成小子来养，当然也不能惯成娇气的公主，善良又有锋芒，温柔又有力量，才是女孩该有的样子！

针对6岁前女孩的个性和品格培养，我个人推荐以下几本绘本。

《萨拉就要这样穿》

故事梗概：

萨拉每天清晨起床准备当天要穿的衣服时，爸爸妈妈和姐姐都会按照自己的审美给她"建议"，但萨拉坚持自己独特的审美方式，搭配自己喜欢的衣服，并且因此收获一整天的好心情。

推荐理由：

很多时候，在父母看来，女儿大红大绿的审美很怪异，甚至有点"丑"，但是对于女孩来说，这是她们亲自感受美的过程。尊重孩子，给她们更多的自由，让她们在成长中自己去摸索，相信她们最终会形成自己独特的审美风格。我们做家长的，少插手，少干涉，就是对女孩审美力最大的保护。

《小仙女爱丽丝》

故事梗概：

爱捣蛋的爱丽丝一直认为自己是一个初级小仙女，她能够给爸爸变出衣服，把洗澡水变成草莓果冻，让小狗飞起来……故事以小女孩的第一人称视角讲述，向我们展示了孩子天马行空的幻想世界。

推荐理由：

故事极具童真趣味，展现了小姑娘的自由天性、乐观，以及自我成长，相信每个小女孩都能从小仙女爱丽丝身上看到自己的影子。这本书很适合进行亲子阅读，引导女孩用乐观积极的视角看待世界。

《大脚丫跳芭蕾》

故事梗概：

爱跳芭蕾舞的贝琳达天生有一双大脚丫，当她去参加比赛的时候，还没开始跳，就被评委否定了，贝琳达只好到餐馆找一份工作，但她依旧热爱芭蕾。在餐馆工作的时候，在老板的推荐下，她会跳芭蕾给客人们看，得到了大家的赞叹。后来她的表演无意中被大都会芭蕾舞团的指挥看到，并推荐她去大都会表演，贝琳达最终实现了自己的梦想。

推荐理由：

这个故事会让孩子明白：充满热情地去追求想做的事，不被世俗的眼光所束缚，不轻言放弃，一定会有梦想成真的一天。

《糟糕，身上长条纹了》

故事梗概：

卡米拉特别在意别人的评价，新学期开学，她正发愁穿什么衣服能让所有人都喜欢时，突然发现身上长条纹了。条纹随着别人的要求而变化，情况越来越恶劣了，卡米拉和房子融为了一体，连专家们都束手无策，她能得救吗？

推荐理由：

这本书适合所有孩子，但是其中以小女孩为主人公，更贴近女孩子们的心——往往女孩子在成长中，更注重人际关系，看重别人如何看待自己。通过这本书，我们可以让女孩明白：不必要太在意别人的评价，做自己就好了！

《花婆婆》

故事梗概：

当鲁菲丝小姐成了一位风烛残年的老婆婆时，她说，当她还是一个名叫艾丽丝的小女孩的时候，她曾经答应过爷爷3件事：第一件事是去很远的地方旅行，第二件事是住在海边，第三件事是做一件让世界变得更美丽的事。前两件事不难，难的是第三件事。直到有一年的春天，她喜出望外地发现山坡上开满了一大片蓝色、紫色和粉红色的鲁冰花，她知道什么是她要做的第三件事了……

推荐理由：

一定要让孩子在这一生至少做一件让世界变美的事，孩子会发现，让别人美起来，让世界美起来的同时，自己的身心也会变得优雅美丽。

《园丁》（又名：《小恩的秘密花园》）

故事梗概：

经济萧条的时代，小恩被送到在城市中居住的舅舅家。小恩在舅舅家的屋顶种满了花朵，当春天来临的时候，不苟言笑的舅舅看到盛开花朵，破天荒地给小恩做了一个大蛋糕。

推荐理由：

故事是以书信的方式讲述的，阅读的时候像是在读一本尘封的回忆录，字里行间洋溢着对生活的热爱。这是一本能让孩子对生活充满希望，让孩子成为"生活家"的有爱的绘本。

《小红帽》

故事梗概：

小红帽忘记了妈妈的叮嘱走进了森林，结果被大灰狼抢先一步赶到奶奶家。大灰狼想吃掉奶奶和小红帽，庆幸的是，她们被猎人救了下来。

推荐理由：

孩子的安全启蒙教育第一书，提醒女孩子留意那些看起来充满善意其实怀揣不轨的家伙。这个绘本版本众多，我更推荐获得了凯迪克大奖的版本。

看动画片成瘾怎么办？不打不骂立规矩

"看电视容易伤眼睛""看动画容易上瘾"，不少妈妈担心难以控制住孩子，干脆完全不给孩子看动画片。

育儿路上非黑即白的极端做法，我从来都是不支持的。

毕竟，我们活在网络时代，抬头大屏幕，低头小手机。我们不可能把孩子套在袋子里抽成真空。不仅要让孩子学会融入，同时也要学会自律，才是辩证的认知。

美国儿科学会建议，2岁以前的孩子不要看电视，2岁后每天可以看5分钟。

我们做家长的，最担心的其实是孩子对电子产品和动画的沉迷，一看就停不下来。因为大多数家长不知道该如何帮助孩子学会自控，以及制定规矩。

我女儿是动画片《汪汪队立大功》（简称《汪汪队》）的迷妹，我非常理解孩子们对动画片的着迷。《小猪佩奇》《超级飞侠》《小马宝莉》《艾莎公主》等，这些动画片故事情节丰富又曲折，人物形象丰满立体且充满个性，再加上动画片这种被动视觉的动态方式，极易吸引孩子，他们想不爱都难。

在陪女儿看动画片的过程中，渐渐地，我发现其实很多动画片里都藏着我们大人难以发现的精华，如何将这些精华提取出来，以及如何看待动画片对孩子的影响，在此我和大家一起分享一下我个人的看法。

给孩子精选好的动画

动画片并不是洪水猛兽，相反，做家长的，如果能提前把关，为孩子精选优良的动画片，通过动画来帮助孩子构建精神世界，对孩子的成长是非常有帮助的。

例如，《小猪佩奇》里的佩奇一家，能让孩子和家长都感受到一种温馨有爱、健康积极的和谐家庭状态，原版动画口语简单，还是孩子学英语的好教材；

又如，《海底小纵队》里面介绍了大量的海洋生物，可以拓展孩子的视野；

我个人十分推荐《汪汪队》，讲述的是一群狗狗化身成专门帮助别人解决困难的小队员，上天入地。里面讲的完全就是孩子的身边事，不宣扬绝对的善恶，十分适合学龄前的孩子，恰好可以让这个阶段的孩子学会团队协作。

孩子的社会交往能力发展是分阶段的，2岁左右同龄的孩子各玩各的，一般3岁左右开始逐渐有双向的交流，四五岁阶段才开始团队协作。

当女儿每天念叨着《汪汪队》里不同的小狗的特长，我借机问她："这里面有全能的小狗吗？"

她想了想，摇了摇头。

我趁机告诉她，每个人都不是完美的，都有自己的长处和短处，所以要学着与其他小伙伴配合，在合作之中，别人的长处弥补她的短处，使她的长处得以更好的施展。

国内精神分析大师曾奇峰先生曾说过："幻想你一个人可以搞定所有事情，注定是会幻灭的。"孩子肯定还无法理解这句话，但是通过动画《汪汪队》，她可以很好地理解狗狗们发挥自己专长互相配合，一起获得了成功。

借看动画片，给孩子立规矩

很多父母说，看动画片不是问题，问题是孩子一看就停不下来，甚至有的孩子吃饭的时候也要看，不给看就哭闹，父母表示束手无策。其实，这是家长没有掌握和孩子立规矩的要领。

我女儿最初看《汪汪队》的时候，我反复提示她关掉电视机，她坐在那儿岿然不动。最后我强行关掉了电视，惹得她大哭不止。

从那件事后，我和她约定：我们调整观看电视的时间和频率。每周六晚上看3集《汪汪队》。其他时间不去打开电视机，而是用来阅读和游戏。

她欣然同意了，但是到了下周六，看了3集之后，又要赖要看第4集。

我平静地关上电视，任她大哭大闹跺脚尖叫。等她哭完、情绪平复之后，我用双手抱住她告诉她：

"宝宝，妈妈理解你想继续看动画片而哭闹的心情（接纳情绪、表达共情），但这是我们的约定，对吗？是你答应妈妈每周六看3集之后就不看了的，妈妈按时给你打开了电视机，你也要遵守约定，看完就关掉电视（坚持原则、培养契约精神）。"

当然，孩子终归是孩子，道理不会一讲就听的。不管她怎么闹，我就是采用平静的态度，反复跟她强调，约定好的事情，不能反悔。三两次下来，她知道哭闹无用，如果按照约定执行，一样可以每周看3集，最后接受了现实。

规矩就是这样立起来的。

如果你既不想剥夺孩子看动画片的快乐，又担心孩子看电视成瘾，不妨也试试我的方法：约定——执行，态度一定要平静且坚定。

你的态度很重要，不急不恼，不训斥孩子，不说"你要是这样我再也不给你看了"，只是平静地重复告诉他："宝宝，妈妈理解你的感受，但我们要按照约定执行。""可以把情绪发泄出来，但是你想要什么，要说出来。"

巧用"泛灵心理"管教孩子

在管孩子的问题上，很多妈妈总会觉得力不从心，道理讲了八百遍，人家就是油盐不进。这个时候，动画片就该派上用场了，注意，不是让你给孩子看动画片，而是借用孩子们喜欢的动画人物去跟孩子"沟通"，效果真是立竿见影。

每次女儿磨磨蹭蹭的时候，我都会对她说："咦，我看路马（《汪汪队》里的角色）穿衣服好快啊，嗖地一下就把他的衣服穿在身上啦！维尼要不要跟路马比一下谁穿衣服快啊？"女儿一听，赶紧看向四周，然后飞速地去找自己的衣服。

吃饭的时候，她心不在焉，东张西望，我故意很伤心地说："糟了，今天的饭菜是天天和莱德一起做的，宝宝不爱吃，他们会伤心的。宝宝快尝尝看是莱德做的好吃，还是天天做的好吃，还是妈妈做的好吃？"

女儿一听兴致就来了，挥舞着筷子勺子挨个品尝，最后得出结论：莱德队长做的最好吃。

……

"泛灵心理"，是2—6岁孩子们普遍存在的一种心理现象，他们无法区分现实和虚幻的人物，并且认为万物皆有生命。

家长可以巧妙地利用孩子最喜欢的动画人物，虚拟他们就在孩子身边，监督孩子的言行，跟孩子一起游戏，一起吃饭……这个时候你会发现，再也不用讲道理了，因为最没用的就是讲道理！

不打搅，是对孩子专注力最好的保护

经常破坏孩子专注力的居然是父母

如何培养孩子的专注力？这是让家长苦恼的育儿难题中最为高频的一个。

仔细观察下来，我们发现，造成孩子专注力不足的原因有很多，而罪魁祸首，竟然和父母有很大关系！

平均而言，幼儿的专注力时长大致为：

▷ 8—15个月：1分钟左右；

▷ 16—19个月：30秒—2分钟；

▷ 20—24个月：30秒—3分钟；

▷ 25—36个月：2—10分钟；

▷ 3—4岁：3—15分钟。

到了学龄阶段，大部分孩子的专注力可达20分钟，这也是判定一个孩子是否能够很好地适应小学听课的重要因素。

孩子到学龄前阶段，女孩的专注力要普遍强于男孩，不过这种差距到青春期结束后就会消失。

可以说，专注力是天生的，而且会随着孩子年龄的增长不断增强。大部分孩子之所以缺乏足够的专注力，是因为经常会受到外界信息的干扰，这些干扰多来自父母或者养育者！

"拧"着孩子遵从自己的意愿

米米16个月大的时候，妈妈苦恼她的"拧"。

一个刚会走路的孩子，对一切不是玩具的东西都充满了好奇。

有一天，米米对电插排产生了浓厚的兴趣，于是她步履蹒跚地一路奔向插排。妈妈看到之后吓坏了，赶忙拔掉了插排的电源。米米拿起插排座抠抠又按按，又啪啪啪地拍打着玩了很久。妈妈反复地在旁边唠叨："这是插排，不是玩具，米米拿给妈妈好不好？"可是米米并不理会妈妈的话。

在米米执意玩插排的整个过程中，妈妈几次试图将插排从她的手中夺回，或试图用其他玩具吸引米米的注意力，但都失败了。这就是典型的对孩子专注力的干扰。

其实，米米妈妈已经拔掉了电源插头，插排处在安全的范围内，她完全可以将插排放心地给米米玩了。如果担心米米今后还会玩插排造成危险，那么妈妈完全可以引以为戒，以后将插排放在孩子触碰不到的地方。

认为不是玩具就不能给孩子玩，认为是危险品孩子就应当注意，米米妈妈忽略了一个事实，孩子眼中任何事物都是"玩具"，只有真实地触摸和感知才能更有助于孩子的认知。

更重要的是，孩子在专心致志地抠、摔、摸的探索过程中，她的专注力逐渐建立，一旦受到外界干扰，专注力很容易被破坏掉。

经常看到商场淘气堡附近有儿童绘画区，不少妈妈陪着孩子涂胶画、画丙烯。孩子对于绘画本身就是天马行空，不一定会按照参考画涂成一模一样的。

我总能听到陪画的父母们这样的"提示"：

"这里不是那么涂的，你得这么涂！"（夺过孩子手里的笔在纸上涂色）

"你快点画啊！"

"不画了行不行，时间来不及了！"

孩子可能刚刚建立起来的专注力，一下子被父母的"碎碎念"击得粉粉碎！于是开始无法集中注意力，甚至对正在做的事丧失兴趣。

剥夺孩子独立思考及成长的机会

在我们的营养辅食课堂中，往往不是一开始就教授辅食制作，而是要先帮助妈妈们解决孩子"吃饭注意力不够集中"的问题。

"边玩边吃""追着喂"都是很多家庭普遍存在的问题。出现这些问题，往往都是因为妈妈们忽略了孩子独立吃饭的黄金时机——对勺子产生抓握兴趣的时候。

抓住了孩子独立吃饭黄金时期的家长，往往从一开始就给孩子养成了一个很好的习惯：孩子独立进食，对饥饿和饱腹有感知能力，吃饭的时候很专注，会安静地坐在餐椅里进食，不会一边看电视、一边跑、一边还要家长追着喂。即便孩子吃得到处都是，狼狈不堪，家长也会鼓励孩子独立完成，绝对不会打断孩子"玩"食物的专注。

相反，那些没办法好好吃饭的孩子，往往是因为从小就被家长强迫着喂饭，打扰了孩子自己吃饭的节奏，甚至丧失了自己吃饭的能力，也丧失了自己体会饿的感觉，只知道勺子伸过来张嘴就好，手里游戏不停，注意力没有办法集中。

孙瑞雪老师在其著作《爱和自由》中提到，蒙氏教育的观点认为，每个新生儿都具备精神胚胎，孩子将按照预定好的这种精神发展模式发展。

家长必须让孩子自己去体会成长的感觉，而不是按照成年人的既定思维模式，要他们这件事"一定要这么做""这个玩具一定要这么玩""这条路一定要这么走"。

很多父母会以"为了孩子好"作为借口，觉得这都是爱孩子的表现，可父母们有没有想过，在孩子的角度，他是否真的需要你去喂他吃饭，帮他穿衣，替他选择玩玩具的方式呢？

家长的过多干预，不但让孩子的专注力下降，更连带着让孩子的内在创造力和拥有主见的能力也遭到破坏，真是得不偿失。

如何保护及修复孩子的专注力

在这里，我们没有用到"培养"这一词，是因为专注力是孩子与生俱来的东西。

女孩子因为天性的原因，比男孩子更安静，专注力也更强。

根据文章开头的幼儿专注力发展比对，大部分女孩过了2岁后，就能主动安静下来，对某个东西感兴趣，喜欢研究，就会把全部的激情和力量投入其中。

此时，父母不要去干扰孩子，这正是孩子注意力高度集中的时候，也是专注力发展的良好时机。如果让孩子完整地做完想做完的事情，孩子就会从中体会到专注的乐趣，从而逐渐变成有意识的能力。

建立规则，允许孩子试错

前文中提及淘气堡绘画区，来自家长们干预的声音，其实体现了父母不能放手让孩子"试错"的不自信。

允许孩子成长中试错，将会给孩子积累一笔无价的成长财富。

需要注意的是，这种试错必须建立在两个前提并存的基础上：

▷ 在安全的范围内；

▷ 不可以伤害自己和他人。

在这两个前提下，家长请尽情地让孩子尝试、犯错，然后再耐心引导孩子发现错误并且寻找改正的方式。

清除过分干扰孩子的因素

在一次家访中，我看到了这样一个2岁的孩子。

她的妈妈在家里给她设置了一个读书角，将绘本整齐地罗列在绘本架上，但读书角的旁边就是玩具架。

妈妈将所有的玩具摆成一排，这个孩子就像首长检阅士兵一样，对她的玩具调兵遣将。

然而这个孩子并不能很专注地玩玩具，常常是玩了一两分钟电动小鸭子，就去搭积木了；积木搭了一半，又转回头找玩具球。

她的妈妈更希望她能够对搭建类的玩具多一些关注，费尽心机地将积木放在最显眼的位置，然而这个孩子不超过1分钟，就又跑掉了。

我给这位妈妈的建议是，暂且撤掉一些不必要的玩具，并将阅读区和玩具区域分离。我们给孩子的选择太多，同时又给她主观的干预，孩子自然无法集中注意力。

在此还需说明的是，要提高孩子专注力，这位家长只需要减少孩子身边的玩具和书籍的选择，并且给予孩子独立的空间，而不是说从此以后房间里一点声音不能有，走路说话都要轻声细语，这样，孩子非但专注力无法得到提升，抗干扰能力也会随之降低。

这一点在孩子读初中高中临考的时候体现得最为明显。

从小专注力被保护得很好的孩子，即便是周围有响动，也不会打搅到她的学习和思考。

相反，被过度保护的孩子，妈妈在厨房做饭的声音都会成为干扰她的噪声。

家长的指令明确，避免反复唠叨

有些家长觉得，有些话，我说一遍你不听，那我反反复复说，你总能记住吧。

其实，反复唠叨，更会分散孩子的注意力，会让孩子认为：反正我听不听、记不住，你还会再说的。

父母只需要提出一次明确的指令，并且这样的指令一定是阐述事实，例如：

我们读完这本书就去睡觉；

你这道题做错了，再想一想；

今天我们去幼儿园迟到了……

避免带有主观评价性、贴标签性质的语言，例如：

你怎么磨磨蹭蹭的……

你就不能动动脑筋吗？马马虎虎的！

科学的训练游戏——舒尔特表格

舒尔特表（Schulte Grid）通过动态的练习锻炼视神经末

梢。心理学上用此表来研究和发展心理感知的速度。

舒尔特表可以用来培养注意力集中、分配、控制能力；不仅可以使初学者有效地拓展视幅，加快阅读节奏，锻炼眼睛快速认读，而且对于进入提高阶段的人拓展纵横视幅，达到一目十行、一目一页非常有效。

舒尔特表格一般分为9宫格、16宫格、25宫格等，难度更高的可以达到81宫格。

刚开始练习的时候，可以让孩子从9宫格开始，循序渐进。9宫格由数字1—9组成，将9个数字打乱填入方格内，让孩子按照正确顺序找到数字并读出。

因为目前用舒尔特表训练视知觉在儿童中还没有专门的标准，没有规定说3岁的孩子9宫格必须在9秒内完成。所以想运用这一方法的爸爸妈妈，不要一味贪多求快，给孩子求快好胜的心理暗示，只当是游戏，以兴趣为主。

舒尔特表格的游戏注意事项

眼睛距表30—35厘米，视点自然放在表的中心；

在所有字符全部清晰入目的前提下，注意不要顾此失彼，因找一个字符而对其他字符视而不见。

建议表格不要做得过大，过大了孩子的视野只能局限于一点，难免顾此失彼；过小也不好，容易造成视觉疲劳，影响视力。一般每个表格块为1cm×1cm。

每看完一个表，眼睛稍做休息，或闭目，或做眼保健操，不要过分疲劳，孩子每天看10个不同排列的表格足矣。

找字符的时候，可以让孩子用手快速指，并出声读。

借助专注力绘本挖掘孩子内在潜力

市面上不少培养孩子专注力的绘本，这类绘本的最大特点就是在一幅看似杂乱的图画中，给孩子一个明确的目标或线索，让孩子找到这个目标。

在和孩子阅读这样的绘本时，一定不要打断孩子，哪怕父母率先找到了目标，而孩子还在努力地慢吞吞地看，也不要对孩子说："你快点，我已经找到了……"

对孩子赋予更多的耐心，一旦他发现了目标，要及时鼓励。

推荐《视觉大发现》系列绘本，3岁以下的孩子可以阅读《视觉大发现》低幼版。

第六章

好女孩：善良、大方、三观正

给女孩更多选择权，让她自己负责

孩子，我要求你读书用功，不是因为我要你跟别人比成绩，而是因为，我希望你将来会拥有选择的权利，选择有意义、有时间的工作，而不是被迫谋生。当你的工作在你心中有意义，你就有成就感。当你的工作给你时间，不剥夺你的生活，你就有尊严。成就感和尊严，给你快乐。

——龙应台《亲爱的安德烈》

让女孩自己做选择，有多重要

我们在解答父母们关于孩子成长问题的时候，经常会谈及"选择权"。有些父母会一头雾水：我女儿还那么小，谈何选择权？怎么选择呢？当然是由我来选择，这才是对孩子负责任。让孩子自己选择，那不是放纵孩子的任性吗？会把孩子宠坏的！

让孩子自己做选择真的这么可怕吗？人生无处不选择，

孩子的人生，做父母的能代劳到什么时候？一直以来，我们的传统观念都认为小孩子不懂事所以不能让孩子自己做选择，这种观念是极其错误的。事实上，孩子从出生开始就有了选择能力。

我们来看看，孩子从小到大，是怎样做选择的。

婴儿期

当不同的人出现在同一个已经能够分辨认知的婴儿面前时，这个婴儿会做出不同的情绪反应，或者哭，或者笑，或者直直地盯着看。这是不是婴儿的选择呢？

学龄前期

第一天上幼儿园的时候，大多数的小朋友都会表现出强烈的抗拒，大哭大闹，纠缠不休，恨不得粘在父母的身上，就是不进幼儿园那道门。可是，过一段时间，这种现象就会自然消失，小朋友们会喜欢上幼儿园。这是不是幼儿的选择呢？

青春期

青春期的孩子，开始进入叛逆期，也就是独立意识成长的明显开端。一旦他们认定的事，九头牛也拉不回来。这是不是少年的选择呢？

成人

成年后，他们选择伴侣、选择工作、选择时机等。孩子长大了，拥有选择的能力，父母们当然没有异议。然而这种能力是怎么来的呢？

一个人的选择能力，应该是从小就开始启蒙，逐渐养成的。它不会凭空产生，也不可能是三天五天就养成的。如果父母从小就剥夺了孩子的选择权，那么当孩子长大后，又如何真正拥有做出正确选择和决策的能力？

相对男孩，女孩在个性特质上更缺乏决断力，容易随波逐流，从小培养女孩的选择能力就显得尤为重要。

在保证安全的范围内，父母可以尝试在小事上给女孩做选择的权利，比如让女孩自己选择玩具，同时注意玩具的安全性；让女孩自己选择衣服鞋帽，从中进行品位的引导；让女孩自己选择图书，以兴趣为介入点培养孩子的阅读习惯……慢慢地，女孩能独立做选择的事情越来越多，领域越来越广，并且做出的选择也更明智。

如何培养女孩的选择能力

有家长担心，让女孩自己做选择会不会让她越来越任性？其实，给孩子"适量"的选择权并不会宠坏孩子，相反，能给她带来一种力量感。这会让女孩相信，她可以用自己的头脑来分析事情，做出选择并且对自己的选择负责。

父母在日常生活中如何培养女孩的选择能力，又有什么好处呢？

通过选择让女孩获得目标感

比如带女孩去逛超市，你可以说："今天你陪妈妈去超市一起采购晚餐的食材吧，你可以选择自己想吃的蔬菜和水果哦！"孩子知道可以自己选择想吃的东西，在逛的过程中会更加专注于自己的目标。比起漫无目的地跟着妈妈瞎逛，有目标感的过程对孩子来说显然有趣得多。

通过选择让女孩感觉到受重视

向女孩提出问题，并且提供选择，往往比直接告诉她应该怎样选择更有效果，因为这能让孩子感受到自己是被重视的，激发孩子做事的热情。比如孩子在坐车的时候不愿意坐儿童座椅，你可以试试在坐车之前征求她的意见："你可以选择带一个玩具和你一起坐在儿童座椅上，你想带布娃娃还是小熊猫呢？"

通过选择锻炼女孩的思考力

你想让女儿帮忙做些家务，可以这样问她："妈妈忙不过来了，你可以帮妈妈一起做家务吗，厨房里的垃圾需要倒，洗衣机里的衣服需要洗，地板也要拖……你更愿意做哪一个？你来选择决定吧。"这样不但使孩子愿意帮忙，还能让她动脑筋思考自己会做什么，更愿意做什么。

通过选择培养女孩的想象力

陪孩子一起做创造性的事，比如画画，引导孩子想象、描述当下或之后的场景，培养孩子的想象力。比如："我们坐在椅子上，用爸爸给你买的铅笔画画。然后送给妈妈好不好？我们给妈妈画个什么呢，先用什么颜色的画笔呢？"通过选择引导孩子一点一点地将想象用语言和画笔表达出来，丰富整个场景。

在日常生活中，尽量多给女孩选择的机会，并明确让她知道，她需要对自己的选择负责任。这不仅能培养女孩的独立个性，更能让孩子觉得自己是个"大人"了，愿意配合家长做事，家长和孩子之间的"权力之争"，慢慢也会转变为有效的沟通。

在以后的人生道路上，敢于做选择、善于做选择的女孩，不容易迷失方向，在职场上也会拥有更强的竞争力，闯出自己的一片天地。

有修养的女孩：有礼貌，爱分享，懂礼仪

不管是大家闺秀还是小家碧玉，自古以来，父母养育女孩，都奉行要"知书达理"的理念。

见到邻居、熟人要打招呼；要懂得和其他人分享；要懂得设身处地体会别人的感受；要懂得感恩父母……

可是，很多道德上的衡量标准撞上了孩子某个年龄段，父母总会尴尬：我女儿不懂得跟人打招呼，我提示了好多遍她就是没反应；我总教育她要与别人分享，可她就是护着自己的玩具……

别急，请给孩子足够的时间！

不爱打招呼不等同于没礼貌

雅雅3岁了，每次和妈妈外出，见到邻居或陌生人都不会主动打招呼，只会迟疑地看着对方，在妈妈的一再催促下，才小声说句"再见"然后就跑掉；上幼儿园见到老师，也不会大声

打招呼。

看着别人家的孩子在幼儿园门口跟老师大大方方打招呼，雅雅妈妈心里不是滋味：自己也是很注重孩子的礼仪培养的，为什么孩子就不配合呢？

很多妈妈都有跟雅雅妈妈一样的苦恼，不仅疑惑，还觉得自己的孩子很"没礼貌"，让当妈的有点丢脸。

事实上，在婴儿6个月开始，就会对除了妈妈（主要照顾者）以外的人产生排斥，这种现象被称为"陌生人焦虑"，这就是俗称的"认生"，婴儿会有大哭大闹的现象。

随着年龄增长，孩子的独立思考能力也随之增强。当孩子看到除家人以外的其他人时，会慢慢地开始在头脑中思考"他是谁""我们在哪里见过""我不认识他为什么要说话呢"等问题。当孩子在思考这些问题的时候，自然就会对面前的"陌生人"表现得迟疑、腼腆。这跟"没礼貌"不沾边，请给孩子一点适应的时间，让孩子在自己的小脑袋瓜儿里完成各种各样的思考。

同时，**孩子对陌生人的畏怯和害羞，是与生俱来的自我保护能力，正是这个过程，教他们逐步学会分辨他人、信任他人。反而是父母在引导孩子接触他们并不熟悉的人时，常常会忽略掉这道"安检"。**

我们要多给内向的孩子一些理解和时间。

父母可以这样做：

▷ 父母要以身作则，在看到熟人的时候，主动礼貌地同对方打招呼，用行动给孩子做示范；告诉孩子主动和人打招呼的好处：可以让对方感觉到自己被看见、被尊重。而对方积极回应的时候，自己也会感受到被尊重和愉悦。

▷ 父母遇到熟人的时候，如果孩子之前还没见过这个人，不要忘记将孩子介绍给熟人——这是我的女儿，让孩子感受到自己被看见、被尊重。

▷ 不要强迫孩子跟人打招呼，给孩子一点时间，让孩子自己体会人际交往带给她的感受，再寻找时机鼓励她迈出打招呼的第一步。

▷ 当孩子有一点点的进步时，要及时鼓励孩子。

让孩子学会分享，要循序渐进

我女儿维尼2岁的时候，有一次，她把最喜欢的三辆小汽车拿到小区花园里玩。

在小区里她见到了一个她经常想跟着一起玩，但对方从来不带她玩的6岁小姐姐。

那一次，她依旧往那个小女孩身边凑，但是那个小女孩依旧很嫌弃地甩开她。

说实话，作为妈妈，看到女儿这样"不受待见"，我心里很不是滋味，但是维尼没有丝毫不快，在她的意识中，还没有"被排斥"的概念。她兀自高兴地玩起了小汽车，邻居小男孩鹏鹏看到了，跑过来想玩维尼的小汽车。维尼见她的玩具被别人拿在手里，立刻上前抢了回来，并很委屈地对我说："回家。"

在我们成年人看来，"被排斥"可能更戳心，但在一个2岁孩子的眼中，没有什么比自己的东西被侵犯了更严重的了。

这也是为什么我们总会误解孩子：你怎么那么自私，你要学会分享！

其实，3岁以下的孩子不适合谈分享，应当理解并保护好他们的物权意识。

2—3岁的孩子处在自我意识、物权意识极为强烈的时期，他们对待物品说得最多的就是"这是我的"。

当孩子与其他小朋友因为玩具发生了争执的时候，父母可以这样引导自己的孩子："女儿，这是你的玩具，你有权决定让不让对方玩。"

当其他孩子通过你来表达想借玩具的时候，你可以这样对其他小朋友说："这是我女儿的东西，你可以找她商量。"

3岁半，幼儿园的小朋友经常会把玩具、绘本拿到幼儿园分享，维尼也缠着我要我买些小玩具"发"给小朋友。

这个时候，分享在她的眼中，就是"发东西"。她很享受把玩具从大口袋里掏出来，一个一个地分给其他小朋友的过程，更享受看到其他小朋友拿到玩具后爱不释手的喜悦之情。

到了4岁左右，幼儿园每周的绘本分享日，维尼总会特意多带上几本绘本，说是"如果有其他小朋友忘记带了，我可以借给他"。

至此，分享的意识在她的头脑中逐渐形成。

瑞士苏黎世大学教授恩斯特·费尔曾经做过一个有名的"糖果实验"。

恩斯特邀请了229名3—8岁的孩子参与三轮不同的实验。在每轮实验中，孩子们都面临两种不同的选择：

在第一轮实验中，每个孩子获得一份糖果，他可以选择，将糖果全部留给自己，或者与另一名儿童平分。

在第二轮实验中，每个孩子获得三份糖果，他可以把两份糖果分给另一名儿童、自己留一份，或者与另一名儿童平分。

在第三轮实验中，每个孩子获得两份糖果，他可以把糖果全部留给自己，或者与他人各得一份。

恩斯特发现，参与实验的孩子的行为选择表现出明显的年龄差异。

在第一轮实验中，近80%的7—8岁儿童选择与另一名儿童平分一份糖果。

在第三轮实验中，虽然面对双份糖果的诱惑，仍有高于40%的7—8岁儿童选择与另一名儿童各得一份糖果，而3—4岁儿童中只有不到9%的人会选择与对方平分。

分享意识是随着孩子年龄的增长而不断增强的，在孩子度过了物权意识极为强烈的时期后，父母可以在孩子3—5岁时引导孩子学会分享。

父母可以这样做：

父母在日常生活中要有意识地做示范和引导。例如，买来的水果洗好了放在水果盘里，爸爸一个，妈妈一个，宝宝一个，大家一起吃；出门旅行的时候，有意识地提示孩子，给周围的小朋友带些小纪念品……

积极接受孩子递送过来的食物并且及时给予肯定和赞扬。孩子在充满分享的家庭氛围中，会迅速习得分享行为，并且愿意将自己的食物分给父母。通过故事绘本阅读，能让孩子更好地了解分享的乐趣。推荐阅读《石头汤》，一本能让孩子学会分享，同时透着一股禅宗和哲理的好书。

在引导孩子积极分享的时候，父母需要注意的是，分享的真正意义是：你获得了，我也没减少。分享不等于讨好，要让孩子感受到自己能让别人受益，同时自己也不委屈。

父母绝对不能为了氛围和谐而强迫孩子把自己的东西让给别人。

生活礼仪，从女孩小的时候就要开始教

女孩的真正教养，在日常生活礼仪中最容易见真章。从女孩3岁开始，建议父母根据女孩的身心发展程度给孩子立一些规矩，并且有意识地对女孩开展礼仪培养。

这些礼仪源自生活的各种细节，在此做一些归纳和总结。

餐桌礼仪

养成独立进食的好习惯，家长不抱着喂，不追着跑着喂。让孩子坐在餐椅中进餐；

进餐的过程中远离电视、手机等一切不利于进餐消化的外界干扰；

不用筷子对其他人指指点点，不能把筷子插进饭碗中；

进餐细嚼慢咽，不含着饭跟别人讲话；

汤要放凉一会儿再喝，喝汤的时候尽量不要发出声响；

不可为了挑自己喜欢吃的菜而在盘子里翻来翻去，或者把自己喜欢吃的全夹到自己碗里。

进餐过程中，咀嚼的声音尽量减小，更不能吧唧嘴，这是非常不礼貌的行为。

会客礼仪

没有提前预约或打招呼，不能直接到别的小朋友家玩儿；

作为客人，主人没安排你的坐处之前，不要乱坐；

进入他人房间之前要先敲门，获得允许后再进入；

不要乱翻其他人的物品，损坏了他人的物品要道歉并赔偿；

不要在别人家的沙发和床上乱蹦；

不管主人的饭菜是否合口味，都要衷心地感谢主人的款待；

用餐完毕，要提出帮主人一起收拾餐桌。

社交礼仪

大人在交谈或者打电话的时候，不要在一旁大喊大叫，更不能试图打断，如果不是特别紧急的事情，就等别人说完了再说；

打电话时先讲明自己是谁，然后再找自己想要找的人；

在日常生活中，请别人帮忙或者受到别人帮助时要多用"请"和"谢谢"等礼貌用语；

看演出时要保持安静，在结束时要鼓掌致谢；

电影院、飞机场、火车站等公共场合，不要大声交谈或哭闹；

遵守秩序，自觉排队，不挤、不抢；

自己喜欢的游乐设施不能霸占太久，要让排在后面的小朋友也有机会玩；

爱护公共设施、文物古迹，不随意涂鸦，还要爱护环境，爱惜花草树木；

和别人说话时要看着对方，声音适中，不能嘀嘀咕咕，让人听不清，也不能太大声，在讲事情前，先叫对方的尊称或名字；

看到父母、老师或者邻居在忙的时候，问一句是否需要帮忙。

　　不要以为3岁就开始培养女孩的礼仪为时过早，真正的教养都是深入骨髓的，越早开始越好。

　　一个有教养的女孩，能让周围的人如沐春风，在成长的过程中，也能收获更多的友谊和善意。

让女孩拥有获得幸福的能力

"妈妈，为什么我们家没有两个卫生间？"有一天，女儿忽然问了我这么一个问题，我当时的心咯噔一下，第一反应是：这孩子学会攀比了！

但很快我冷静了下来，对于一个4岁的孩子，"攀比"这个词过于武断了，或许她看过别人家里或其他地方有两个卫生间，才会问我"家里为什么没有两个卫生间"。

细问之下，原来女儿口中的"有两个卫生间"的地方是指幼儿园，他们幼儿园里有一个男卫生间、一个女卫生间，老师说是为了男女区分，而家里有爸爸也有妈妈，却不分男女厕所，这才使得她有这样的疑惑。

对于两个卫生间的问题，我这样回答我的女儿："宝宝，你是看到了幼儿园里有男女卫生间而家里没有，觉得疑惑是吗？公共场所都是男女分厕的，但是在家里不需要，因为我们是一家人。当然你会看到有些人家里也会有两个卫生间，比如姑姥姥家。有两个卫生间，会让家人使用起来更方便，赶时间的时候也不用等。我们一家人一起努力，将来也换一个有两个卫生间的房子好不好？"

女儿欣然点头，问我："那需要多久？"

我很认真地告诉她："妈妈给自己定的小目标，是未来5—10年。当然，两个卫生间的家也离不开宝宝的贡献哦，你和爸爸妈妈一起努力好不好？"

女儿听了觉得很开心，因为在这个小目标中，她获得了参与感，感觉到了被关注和重视。

不知你是否也被孩子问起那些让你心起波澜，直戳软肋，但其实在她看来很单纯的问题。

比如，"妈妈，为什么别人家有车而我们家没有？"

你怎么回答这样的问题呢？

女孩，你的视角决定了你的世界

我的闺密曾对我说："现在都说寒门再难出贵子，虽然咱们不算寒门，但也不是什么大富大贵的人家。我不信什么阶级固化，我要拼尽全力给我孩子最好的，别人有的他都要有就对了！"

当妈妈的，拼尽全力要给孩子最好的心情可以理解，但最关键的是，我们如何理解"贵子"，什么都给他最好的，别人有的他必须有，硬着头皮和别人比富，孩子就能成为"贵子"吗？

我觉得，一个阳光、积极、善良、三观正的孩子，才是真正的"贵子"。

绘本《市场街最后一站》中，讲述了这样的一个故事：故事的主人公小杰和奶奶冒雨乘坐公交车要去市场街最后一站，周济穷人的彩虹之家做义工。

当小杰被雨淋湿的时候，他抱怨："雨那么大，为什么我们还要等巴士啊？"

奶奶告诉他："树也会口渴的，你没看到那棵大树正在用吸管喝水吗？"

小杰看到同学坐上汽车走了，他问奶奶："为什么我们家没有车？"

奶奶回答："宝贝，我们为什么需要车呢？我们已经有一辆会喷火的巴士了！还有丹尼斯老先生，他总是为你表演好玩的魔术。"

当小杰走进穷人之家的时候，他问奶奶为什么这里总是这么脏，而他的奶奶却在脏乱的世界里发现了很多美好的事物，并一样一样讲给小杰听……

这本震撼心灵的书，赋予了孩子获得幸福的能力。

对于更好的物质生活的渴望和期待，其实每个人都有。然而不是每个家庭都有能力获得最好的生活，无法获得更好的物质条件，就意味着我们的幸福必须打折吗？

我不这样认为。

有一次在公交车上我无意中听到旁边的一对父子的对话。

孩子问："爸爸为什么我们不买车啊？"

爸爸说："因为你不听话，你不听话我就不买车。"

孩子沉默了。

或许是这位爸爸的经济实力达不到买一辆车的程度，或者他没有买车的打算，但他把这个锅甩给孩子，把不买车归因于"孩子不听话"。这让人感觉匪夷所思。

为什么我们不买车？——孩子的问题往往是很单纯的，或许是看到别的同学家里有车而自己家里没有，不一定带有其他感情色彩，比如攀比。

而父亲的回答，却暴露了他内心的虚弱：我不能提供给他想要的一切。

同样的问题，《市场街最后一站》里的奶奶为何能回答得如此巧妙而让人舒服。

小杰奶奶的智慧在于，她不觉得物质是唯一重要的东西。躲雨的时候，你有机会感受雨水的气息；坐巴士的时候，你能接触到各种各样的人、更广阔的世界……她用自己的方式告诉小杰：孩子，世界上最珍贵的东西都是免费的；那些你忽视的，都是你已经拥有的美好。

给孩子一双发现美的眼睛

有一种人，我们称其为"杠精"，这种人以抬杠为乐，不论你发表什么美好的、积极的生活状态和随感，他们都会"鸡蛋里挑骨头"，说出扫兴的话。他们的生活里似乎没有值得被记录被祝福的事，看任何事的角度都是负面或充满戾气的，就更别提去感恩生活、发现美好事物了。

近几年，"丧文化"大行其道，在年轻人看来，可能是对这个"压力山大"的社会温柔的控诉，但如果这样的文化放在家庭教育中，可能会给孩子造成一生的负面影响。

我认识的一位妈妈，因为忙于工作，不得不把女儿交给年迈的奶奶照顾。半年后，当她结束出差回到家里，发现老人对孩子的教育方式问题不小。

比如，同班的小朋友穿了漂亮的花裙子，女儿多看了几眼，流露出欣赏羡慕的目光，孩子的奶奶却说："小姑娘家家打扮得那么花哨，给谁看呢，你可别学她！"

奶奶领着孩子在路上走，后边来一辆车鸣笛警示，奶奶非常生气地说："按什么喇叭啊？有车了不起啊？小心撞死人吃官司！"

女儿看到小区里可爱的小宝宝，把自己手里的花送给了小宝宝，宝宝的妈妈连忙说："谢谢，小姐姐真有爱心。"可是奶奶却训斥孩子："你认识人家啊你给人家东西？"

……

奶奶日复一日的"熏陶"，在孩子的身上自然也发生了作用。以往善良可爱的小女孩，如今也变得"恶言恶语"，看什么都不顺眼，跟谁都合不来。

孩子的妈妈悔不当初，她说，今后不管工作如何忙碌都要把孩子带在身边，弥补这半年的教育缺失，重新激发她真善美的本心！

父母、养育者即是孩子的原生家庭，如果原生家庭中充满了负面能量，对人对事都是负面、消极、苛刻的眼光，那么孩子将要面对的人生也必定是灰暗的、永远无法被满足的。

这样的孩子将来长大到了社会中，很难获得幸福感。

在家庭教育中，千万别把"丧"当成一种时尚。父母要从小培养孩子善良、乐观、积极的心态，引导孩子去发现世界的美好，并不吝惜对人对事表达赞美之情。要知道，当我们对这世界发出赞美时，我们的生活也会因此豁然开朗。

第七章

✕

女孩，就要活得"矜贵"

什么样的女孩才算"漂亮"

曾在某篇文章中读到这么一段话，让我深有感触：

亲爱的女儿：

你的眼睛可以不大，但眼神可以漂亮；

面容可以不够美貌，但神态可以漂亮；

身材可以不热辣，但举止可以漂亮；

任繁华喧嚣诱惑，坚守初心可以漂亮。

从女儿生下来的第一天，我就暗下决心，一定要让她成为一个"漂亮"的女孩。

我所说的"漂亮"，并不局限于美丽的容貌。虽然现在大家都在调侃"颜值即正义"，然而在我的理解中，一个女孩可以拥有的美，远比高颜值更多元、更开阔。

一个高颜值的美女，未必"漂亮"；但活得"漂亮"的女孩，一定是美的。

女孩，要懂得发掘自己的独特之美

在这个看脸的时代，整容行业异常火爆。

我曾经看过这样的一个综艺节目，其中有一期的嘉宾，是一个整容成性的女孩，从一开始简单的割双眼皮，到最后全脸动刀，只要觉得哪儿不满意，就要去"修补修补"。

她还是个没有经济独立能力的学生，为了整容，她不惜想出各种方法管父母要钱。

她妈妈对她的做法感到很无奈，可是又无法劝说她停止这种疯狂行为，只能一次又一次选择顺从女儿的任性。

在节目中，忍无可忍的妈妈声泪俱下地请大众后援团劝说女儿不要再在脸上动刀了。

面对母亲的痛哭，女儿没有丝毫反应，相反，她的嘴角依旧挂着微笑，这下连主持人都看不下去了："你妈妈都已经为你痛苦成这个样子了，为什么你依旧无动于衷？"

女孩说了一句让在场所有人都唏嘘的话："我也很想哭，可是我哭不了了，因为我做了'嘴角上扬'。"

在我们的周围，整容整得面部表情僵硬的女孩并不少见，新闻上，因为整容致残、致死的案例也屡见不鲜。

无可否认，颜值确实是一个女孩的加分项，然而，审美是一件主观的事，审美口味也在随着时代发展不停变化。这个世界的可爱之处，不正在于审美的多元化吗？

爱美之心人皆有之，那种大眼睛双眼皮粉嫩婴儿肌两片嘟嘟唇的小女孩，几乎人见人爱。

就连我自己的女儿，从刚出生的单眼皮后来慢慢变成双眼皮之后，我也觉得更好看更萌了。

但外表的美丽并不能永远伴随一个人，尤其是当女孩渐渐长大，需要靠智慧和学识去拼世界的时候，容貌真的不能成为敲门砖。

相反，那些自信的女孩，有思想的女孩，有学识的女孩，更容易在社会上立足，拥有获得幸福的能力。

看看我们国家走上世界T台的那些超模，从早期的吕燕，到后来的杜鹃、刘雯，没有一个是中国传统意义上的大眼美女，但她们拥有共同的特质就是——独特、自信。她们的步伐、言谈举止中，无不透露着一种"我可以，我能行，我喜欢自己独特的美"的光彩。

让女孩学会欣赏自己的容貌，是获得这种自信的第一步。

社会文明程度越高，审美就越趋于多元化。试想一下，当你走在街头，满大街都是一个模子整出来的双眼皮高鼻梁的美女，这景象是不是有点荒谬且可怕？我想，更让人舒服和赏心悦目的场景一定是，大街上的女孩千人千面，各有特色，但个个都自信满满，神采飞扬。

你的女儿也许不是周围的女孩里最标致的一个，但一定是独一无二的。做父母的，从小教会女孩接受自己的容貌，挖掘自己的独特之美，未来才不至于在看脸的时代里迷失自己。

女孩，装扮要大方得体

曾经看过一个令人非常戳心的纪实节目。

一个四五岁的演员小女孩被节目组工作人员打扮得漂亮得体，出现在某家餐馆中，所有人看她的表情都是充满微笑和爱的，有人主动和她聊天，甚至拥抱她。

随后，小女孩被工作人员换了一身邋遢肮脏的衣服，再次出现在餐馆里。这一回，没有人愿意多看她一眼，有些在餐馆里就餐的女士甚至把包拿得远远的，生怕小女孩偷东西或者把她们的包弄脏了，甚至有人让服务员把她赶出餐厅。

最后，小女孩实在感觉太委屈，伤心地跑出了餐厅，录制也被迫终止。

看了这期节目，肯定会有人谴责餐馆里的那些成年人"以貌取人"，其实"以貌取人"是有科学依据的：一个人的衣着外貌、动作神态，都在综合而复杂地共同营造着别人对他的看法。

养女孩，从小就要不吝于把她打扮得漂漂亮亮的，至少要整洁得体，因为在孩子讲究的装扮背后透露着这样的潜台词：我是一个被爱着的女孩；我是一个被关注的女孩；我有非常爱我、对我负责任的父母，他们教会我审美，懂得以最恰当的方式与人相处，给予对方尊重。

另外，妈妈要特别注意对女孩审美力的培养和引导。

近年很多童装的款式越发成人化，时尚女郎的露脐装、高腰裤、高跟鞋、艳丽色调的皮草，缩小了几个尺码之后，出现在了童装区。有的小姑娘，甚至模仿起二十几岁的时尚女郎的举止，身着这些"小号成人装"，在镜头前摆着与年龄不符合的POSS……不管怎么看都透着几分别扭。

孩童，就要拥有孩童的天真，那些时尚艳丽的衣服穿在成年人身上或许是美的，但是穿在孩童身上，就是怪异、不得体的。

女孩的着装，不必有太华丽的装饰，款式简约大方舒适为宜，超短裙、紧身裤等应该尽量避免，毕竟要考虑到小孩好动的天性，好的着装应该适合孩子自由自在地游戏、奔跑，把童年的快乐发挥到极致。

同时要给女孩灌输一些着装礼仪，不同场合有不同的着装要求，比如，参加其他小朋友的生日party，要喜庆但不能抢风头；参加幼儿园或者学校的活动，要穿园服或校服，要把扣子扣整齐，拉链拉好；参加运动会应该穿运动服……

允许孩子有她的小个性，尊重孩子喜欢的风格和配色。

即便女孩到了叛逆期，不满足于那呆板的校服，家长也可以满足她在校服上的一点点小改动，但别忘了告诉她：你的穿着里，藏着你的见识和修养，决定了你会吸引什么样的人，以及他们对你的态度，妈妈相信你有很棒的审美和判断能力。

美学教育，让女孩拥有丰满的灵魂

前阵子，在某短视频网站上，一位高知妈妈的话火了。对于女儿问"长得漂亮有用吗"的问题，这位妈妈是这样说的：

"长得漂亮有用吗？有用！光长得漂亮有用吗？没用！因为你的文化素养会伴随你的一生。光脸蛋好看，别人看一眼，漂亮，再看第二眼，没意思了！所以，你一定要多读书！"

确实，女孩子如果只有漂亮的空壳，终究只能成为被人随意摆放的花瓶。但如果除了美丽的外表，她内在思想丰厚，才华横溢，必定拥有人生大格局！

那位高知妈妈说的，女孩"一定要多读书"，这话不错。但在这里我想补充一下，增强女孩的文化素养，不必局限于书本的世界，妈妈们平时可以多带孩子去图书馆、美术馆，还有博物馆、科技馆、摄影展……让孩子在各种各样的展览中接受艺术熏陶，完成兴趣启蒙，同时也能开阔视野。

在绘本《奥莉薇》中，那头喜欢芭蕾舞的小猪奥莉薇，最喜欢和妈妈逛美术馆，每次她都会在世界名画《舞蹈演员》前停留很久，幻想自己就是画中的芭蕾舞演员，在舞台上尽情舞蹈。她会模仿世界名画《秋韵第30号》，在家中恣意挥洒色彩在墙壁上涂抹。

艺术让孩子看到自然的美，又超越了自然之美；艺术让美的种子在孩子的心里发芽，终有一日会开出花朵。

培养一个漂亮的女孩，要让她的灵魂也是美的，让她从小就在艺术的熏陶里，眼界开阔，灵魂丰满。

大多数中国父母，都热衷于谈论如何能让孩子3岁背唐诗，如何能让孩子数学考100分，而对孩子从小的美学教育，似乎都觉得可有可无。

有的父母甚至会说，所谓的美学教育有什么用？我又不指望孩子今后能够成为艺术家。

其实，美学教育并非是为培养孩子成为艺术家做准备的，它可以渗透在孩子生活的方方面面，能让孩子对美好的东西触觉更敏锐，大大提升生活感受和质量。美学教育不仅能让孩子见识不同载体下世界的多元化，更能通过不同的艺术作品去跟有趣的灵魂对谈，孩子的生命也得以更加开阔，增加无限可能。

当我们谈论什么样的女孩算得上高级美，很多人脑子里浮现的可能都是充满艺术气息、谈吐不俗的优雅女孩，这样的女孩到底是怎么成长起来的呢？我想，绝不是死读书或者考100分考出来的，而是父母从小就开始的美学教育，随着年月增长慢慢浸润出来的。

有教养的女孩更漂亮

女孩，外表漂亮，不及内外兼修！

2012年我还在做记者的时候，采访过一位中考状元。这个女孩子让我最为触动的不是她优异的成绩，而是她在举手投足中透露出来的良好修养，当时我一直忍不住在心里感叹，女孩的父母真是教女有方。

采访的过程中，我们一起进了一部电梯，当时电梯里有一位妈妈抱着一个婴儿，婴儿正在酣睡。中途女孩的手机突然响了，女孩在接起电话时，我发现她轻轻地侧过了身体，把通话的声音压低到她和电话那头的人能够听到的大小，尽量不惊扰到熟睡中的婴儿。

后来，她和几个同学一起去公共自习室自修，那天下雨，自习室的大厅被保洁阿姨刚刚擦干净就被大家踩脏了。她等同学都进了教室之后，找了一把拖布把踩过的地方重新擦了一遍……

后来我问这个女孩，你做这些事的时候，会不会觉得，别人都不做，就我自己做了，很委屈？

她摇摇头："没觉得啊，这么做是我自己的决定，别人做不做影响不到我。而且我不觉得自己损失了什么，相反，我觉得很快乐！"

真正的教养，就是让别人舒服，自己也不憋屈！

我忍不住在心里默默给女孩点赞。

有教养的女孩，对人性都有足够的了解，所以她们看待人和事的态度往往会更为深刻、豁达，有推己及人的周到和包容。

　　真正有教养的女孩，会由内而外散发一种柔和的光芒，这种光芒比任何的美颜软件更让女孩增色。

女孩，你比金钱珍贵

大约在2016年，一个包含了167名女大学生裸照及视频的10G压缩包在网上悄然流传开来，一时间舆论纷纷。

2017年4月，厦门一名大二女生因为不雅照和视频外泄，选择结束自己年轻的生命。

在这些裸照和不雅视频的背后，一个完整的交易链条浮出水面，也让一个词进入了大众视线——裸贷。

裸贷，是在进行借款时，以借款人手持身份证的裸体照片替代借条。当发生违约不还时，放贷人以公开裸体照片和与借款人父母联系的手段作为要挟逼迫借款人还款。

这种贷款周期利率甚至高达30%，很多借贷女孩在利滚利的高压下不堪重负，有的被迫与放贷人发生关系，甚至被迫卖淫，有的在绝望之下选择了结束自己年轻的生命。

可是依旧有不少年轻的姑娘，明知道裸贷是火坑，还要往里跳。

究竟是什么，让她们在裸贷这条路上一去不归？

金钱教育缺失导致欲望过界

大多裸贷的姑娘，并不是真的穷或者真的急需钱。

在这个物欲横流的社会里，有些姑娘看到同龄人背名牌包，用大牌化妆品，出门有豪车接送，虚荣心使得她们想迅速地成为这种人，而又不愿付出努力。

假期兼职打工能赚几个钱？！攒多久才能买一个名牌包？

读书多辛苦，孤独又寂寞，还费脑子，今后也未必能找到合适的工作。

凭什么人家有而我没有？世界为什么总是这么不公平……

当一个女孩被物欲吞噬，她会选择短平快的方式来满足自己的欲望，尽管明知今后将面临什么。

其实，是人都有欲望，只是欲望应该有边界。很遗憾，在这些女孩小的时候，她们的父母教育中并没有包含这一项。

抛开这些极端的例子不说，在我们中间，大多数女孩的父母，都没有给过女孩正式的金钱教育，没有告诉过孩子钱是什么，如何通过正当途径获得报酬，又该如何支配金钱。

在很多父母的潜意识中，金钱是罪恶的，小孩子最好远离它。

然而，父母越是希望孩子远离"罪恶"的金钱，越会让这些缺失金钱教育的孩子对钱产生强烈的欲望。她们最初或许仅仅想知道钱是什么，然而在发现钱可以支配物质甚至很多事情的时候，又没得到及时、正确的引导，这种欲望最终可能会变成"贪婪"。

性教育空白导致身体隐私观念淡薄

和金钱教育缺失一样可怕的，是我们对孩子性教育的缺失。

很多父母总认为"性如洪水猛兽"，避之唯恐不及。当孩子因为好奇而问起的时候，总是用训斥的方式企图打压孩子的积极性。在他们的潜意识中，性是可耻的，会让孩子"学坏"。

正是由于父母对性的偏见，导致对孩子性教育的空白，孩子只能在懵懂中自我探索，往往会采用更极端的方式，不懂得如何保护自己。

孩子对身体隐私保护意识淡薄，就是最明显的体现。

网络中总能看到一些女孩，将自己的半裸照片当作一种炫耀的资本发布在社交平台上，尺度之大，令人咋舌。

在这些女孩的认知中，自己的身体是可以贴上标签来等价交换的。

当对方提出让贷款的女孩赤身裸体手持身份证拍照时，这些女孩明知道是与魔鬼做交易，却仍然不惜出卖身体，因为对她们而言，对钱的需求或者说对物质的需求，远高于她们身体的珍贵。虽说现在已不是封建时代，但对自己的身体负责，自尊自爱，永远是女孩应当具备的意识。试问一个女孩，连自己都不爱惜自己的身体，还有谁会来爱你和珍惜你呢?

幼年未获得关爱和满足导致低自尊

在幼年时没有获得父母足够关注和关爱的女孩，价值感和自尊感往往会偏低。

例如，一个女孩在希望能够获得母亲关注的时候，得到的却是母亲冷漠甚至厌恶的回应，女孩便会对自我产生怀疑，认为自己不值得被关注、被爱，因此形成了低自尊感。

当一个女孩既无法获得父母的关爱，又无法获得物质上的满足时，任何事物的价值对她来说都将会被无形地放大。

恩里科·特雷维桑在《非理性消费》中说: "商品本身的价值，远低于我们的心理价值。越昂贵的商品，越是如此。"

也就是说，一部7000元的手机，你因为极度渴望，会将它的价值放大到7万元。实质上，它值不了那么多。

那些裸贷的女孩，有几个不是被自己放大的物质欲望冲昏了头脑的呢?

另外，从小在父母的忽视、打骂及严苛管教中成长起来的孩子，很难对家庭产生归属感。试想，孩子在成长过程中遇到任何挫折，回去告诉父母，面临的都是父母的严厉责备，而非接纳和积极帮助自己解决问题，这会给孩子留下多大的创伤?这样的幼年创伤会让孩子在今后面对困难的时候，容易采取极端的方式。

正如那些因裸贷而自杀的女孩，她们没有勇气让父母得知自己所做的一切，她们深知父母无力偿还债务，即便愿意伸出援手，也难免会伴随着暴风雨般的责骂。因为没有勇气面对父母，她们宁愿用自杀的方式来解决。

关于为何源源不断有姑娘掉进裸贷的深坑，我的分析难免有片面和局限之处，我的初衷只是希望这件事可以给阅读此书的女孩父母们敲响警钟，在孩子成长的过程中，要不失时机地和孩子谈谈钱，谈谈性，聊聊价值观，这些内容在家庭教育中是不可或缺的。

富养女孩，财商教育不可少

教育家默克尔说："金钱教育是人生的必修课，是儿童教育的重心，就如同金钱是家庭的重心一样。"

经常听到这样的一句话：男孩要穷养，女孩要富养。

对这句话的解读也是百家争鸣。

在我看来，女孩富养的最根本，在于钱商教育，这是一个和性教育同样重要、不可缺失的教育环节。

我女儿在2岁的时候开始对我手里花花绿绿的钞票产生了兴趣。有一次跟我在超市买东西，付款的时候，她看着我手里的钱一脸疑惑地问："妈妈，这是什么东西？"

我说："这叫钱，妈妈用它来给宝宝买吃的和用的。"

女儿问我："那我有钱吗？"

我说："你现在还没有，但是等你长大有能力了，你会凭自己的劳动赚到它。"

女儿似懂非懂的样子。

3岁半，我让她用2元钱在零食店里买到了4个棒棒糖，她第一次真切地感受到，原来这花花绿绿的纸片和亮亮的钢镚儿是可以用来做"交换"的。

每一次女儿问及钱的问题，我都会给予正面的回答。曾有人跟我说，和这么点儿大的孩子谈钱，她听得懂吗？甚至有人觉得和女孩谈论钱的问题俗不可耐……其实在我看来，这是一个再平常不过的话题，而且是一个随着孩子的年龄不断增长需要认真深入地和孩子探讨的话题，因为这涉及孩子的"财商培养"。

大多数父母回避与孩子谈钱，怕玷污了孩子纯洁的心灵。殊不知财商教育的缺失也会引发孩子成长中的种种问题。

网上曾有一个段子很发人深省：

孩子问爸爸："咱家有钱吗？"

中国爸爸的回答是："有！老子挣的今后都是你的！"

美国爸爸的回答则是："爸爸有钱，但是你没有，你要靠自己的努力获得。"

给予孩子种子还是果实，我们的传统理念是给予后者。

老话儿讲"富不过三代"，讲的就是给予孩子果实的代价。坐吃山空，果子总会吃完，不如让孩子掌握一门将种子变成果实的手艺。

美国社交网站"脸书"创办者扎克伯格在他的女儿出生时，表示将捐出家庭持有的"脸书"股份的99%，约450亿美元。

扎克伯格无疑是希望通过这样的行为树立孩子正确的金钱价值观，以及培养孩子的"钱商"。比起直接将所有的财产留给孩子继承，这样的父爱无疑是更伟大和深沉的。在孩子的眼里，钱只是一串串数字而已，没有体验过将智慧与劳动转换成钱的过程，不会知道挣钱的艰难及金钱的意义。有些父母不忍心让孩子过早看到生活的真相，哪怕自己挣钱再艰难，也要在孩子面前强撑着，说咱们家不缺钱，钱的事情不用你担心，你只要好好读书就行了。

但是，父母这样的行为和态度，很难让孩子建立起正确的金钱观，更有可能造成孩子无限制向父母索取而不知感恩的心态。

还有些父母，走了另一个极端，明明家境殷实却成天跟孩子"哭穷"！家长的本意是想激励孩子努力学习，却忽略了物质可以给人带来安全感。一个从小听着爸妈哭穷长大的孩子，安全感不会太强，也很难安心投入学习。

钱本身没有好坏，区别只在于人们如何看待它。父母应该从小培养孩子健康的金钱观及消费观。这会让孩子受益终生。

认识钱币，从3岁开始

西方国家对儿童理财的引导很早，每个阶段都有具体的目标，我们完全可以借鉴：

3岁，能够辨认硬币和纸币；

4岁，知道每枚硬币是多少美分，认识到无法把商品买光，因此必须做出选择；

5岁，知道硬币的等价物，知道钱是怎么来的；

6岁，能够找出数目量不大的钱，能够数大量硬币；

7岁，会看价格标签；

8岁，知道可以通过做额外工作赚到钱，知道把钱存在储蓄账户里；

9岁，能够制订简单的一周开销计划，购物时知道比较价格；

10岁，懂得每周节约一点钱，以便大笔开销时使用；

11岁，知道从电视广告中发现事实；

12岁，能够制订并执行两周开销计划，懂得正确使用一般银行业务中的术语；

13岁至高中毕业，尝试进行股票、债券等投资活动，以及家务、打工等赚钱实践。

从小培养孩子付出和收获的观念

女孩会在2岁左右开始认知"钱"。虽然她还不知道钱是从哪里来的，但是从家长们的行为中她会获得这样的信息：这个东西可以换来玩具、食物和好看的衣服。

因此，在孩子开始有意识地"玩"钱或者翻家长钱包的时候，就可以告诉她：这是钱，钱不是从天上掉下来的，也不是爸爸妈妈钱包里本来就有的，而是爸爸妈妈通过辛勤工作、劳动换来的。

现在有不少社群有跳蚤市场，很多是公益义卖的性质，我建议家长可以多带孩子参与这样的活动。可以跟孩子一起制作饼干或者小工艺品在跳蚤市场售卖，销售的过程，既能锻炼孩子与人交流的能力，又能很直观地让孩子了解金钱交易的过程，同时还能对孩子进行慈善教育，可谓一举多得。

在亲子游戏中融入"钱"的概念

培养孩子的财商，其实并没有那么复杂，父母有意识地在平时的亲子游戏中加入"钱"的概念即可。

比如，"花钱游戏"，听起来挺土豪的，其实就是父母画一个图表，图标上画着家常用品和孩子熟悉的食品、玩具等，标上价钱，贴在固定的地方，让孩子了解钱物的价值。

还可以和孩子玩兑钱找钱的游戏。在铅笔、橡皮、皮球、小熊上贴上价格标签，然后给孩子一些钱，让她自己思考自己想买什么，手头的钱可以买什么，进而决定取舍。

7岁之后的孩子可以和家长一同玩货币版大富翁的游戏，孩子可以借此了解钱的价值及更深奥的知识。

引导孩子有计划地花钱

在零花钱的问题上，建议父母跟孩子一起制定一些规则：

零用钱定额，并在每月初发放当月零花钱，在月度、季度和年底进行结算，剩余部分进行翻倍奖励。

除了正常的生活学习必需品以外，孩子自身产生的消费，全部自己解决。

每笔开销记账，月底核销。

规则制定好了，父母和孩子都要严格遵守，尤其父母，不能因为心软而中途增加零花钱额度。

跟孩子约定一个消费日，提前制订消费计划，让孩子学习如何有节制地消费及储蓄。

在消费日，给孩子一定量的零花钱，孩子可以自由决定如何花费这笔钱。她可以花掉所有的钱，但是不可以超额消费。

在进行购物之前，最好提醒孩子做一个消费预算，以防孩子无限制地"买买买"。

结账的时候，一定要让孩子亲自去付款，直观地感受金钱的流动性。

告诉孩子金钱不是万能的

告诉孩子，钱可以换来很多我们想要的东西，如美食、衣服、旅行、服务……但也有很多东西是用钱无法换来的，如健康的身体、年轻的心态，如自身修养，还有爱情、友情、亲情等。

钱可以为我们的生活提供更好的物质条件，很多时候也是对我们个人能力的证明，努力追求财富没有错，但即使不富有，我们依然可以拥有很多快乐！

因为对我们的人生而言，最珍贵的东西往往都是钱买不来的。

对人生而言，金钱是一个无法越过的课题，我们一生都要与之打交道。金钱很可爱，但有些时候也很危险、很可怕。从小培养孩子良好的财商和健康的金钱观，不是为了让孩子成为一个富人，而是让孩子学会和钱打交道，和钱做朋友，未来成为一个精神和物质都不匮乏的人。

第八章

✕

做女孩的爸妈，要更"走心"

母亲的温度，决定女孩的幸福度

　　都说父母是孩子的第一任老师，和父亲相比，母亲因为孕育的关系，与孩子的亲情显得更加浓厚。

　　当孩子出生之后，母亲自然而然地担起了主要的养育责任。

　　大多数孩子，在牙牙学语的时候，都会努力地发出"ai~yi""mama"这样的音，组合起来，便有了萌化人心的"爱……妈妈"。

　　意大利作家亚米契斯有一部著名的儿童文学作品《爱的教育》，被认为是意大利人必读的10本小说之一。朱光潜、茅盾等学者也曾将此书推荐为当时学校的重点读物。这本书让读者相信：**这个世界上，只有"爱"可以改变一个人，任何说教都是徒劳无功的。**

　　母亲给予孩子的爱，对于孩子的成长至关重要。可以说，母爱决定了孩子的幸福感。

　　在充沛的母爱中长大的孩子，一生都会充满勇气，因为童年被爱的经验让他们始终有底气，坚信自己是一个值得别人爱的人，哪怕遭遇挫折与失败。

妈妈会对女孩起到榜样的作用

史蒂夫·比达尔夫在《养育女孩》一书中说道：孩子的大脑被设置为观察和复制的模式。有一种叫"镜像神经元"的特殊神经网络结构连接着我们的眼睛和肌肉，因此我们会在不知不觉中将我们看到的他人的行为变成我们自己的做事方式。所以你会发现自己身上有一些与父母一样的特殊习惯……如果你的孩子爱你，他们就会想成为你那样的人。

毫无疑问，妈妈给孩子的榜样作用是非常强大的。

我曾经采访过一位将两个女儿分别送进名校的妈妈，其中一个女儿还曾经是当地的文科状元。

被问及如何培养出这么优秀的孩子时，这位妈妈给我的答案不是陪读，也不是送孩子去什么样的兴趣班，而仅仅是从小使她们养成各种好习惯，并且让她们树立起良好的品格。

例如，在日常生活中，当她带着孩子在小区里进出，推开单元楼下的门时，发现后边有邻居走过来，她会用手拉住门等待对方。并且，她会要求孩子一起这么做。

她对孩子要求的严苛，从来不是在学习成绩方面，而是在日常生活行为习惯方面。

她用自己的点滴行动让孩子看到一种高尚的人格，而不是一个功利心满满、野心勃勃的妈妈。

在这样的妈妈影响下，孩子做事自然严以律己，对学习这件事自然也充满了内驱力。

几乎每天我都会收到一些妈妈的留言求助：为什么我的孩子不爱读书？我该如何让我的孩子爱上阅读？

当我反问这些妈妈：你是否有阅读习惯呢？当你逼着孩子看书的时候，你自己在做什么呢？

得到的回答100%是：我没有阅读习惯，我在刷手机、看电视。

如果妈妈没有一个好的习惯作为引导，而给孩子制定双重标准，这会让孩子感到疑惑，为什么妈妈做的和我不一样？

仔细观察周围的母女，你会发现，很多母女不仅仅是长相相似，举止、言谈，甚至穿衣打扮风格都惊人地相似。大部分的女孩在经过一段成长过程后，最终会成为她自己，但在这个前行的过程中，妈妈的形象始终在她的心里。

仔细想一想：

你是否依旧保持着不断学习状态呢？

你是否懂得如何与人打交道，尤其是与异性相处？

你是否是一个焦虑的人？

你是否会因为一件小事暴怒？

……

你在日常生活中的这些细节，其实都被女儿看在了眼里，都会内化为孩子的行为，她将习得你对关系、对事情的处理方式。尽管在未来很长一段时间里，她会试图摆脱妈妈身上一些令她讨厌的行为方式，但作为妈妈的你，始终会影响着她。

妈妈和伴侣的关系，决定了女孩的婚姻是否幸福

列夫·托尔斯泰的名言：幸福的家庭都是相似的，不幸的家庭各有各的不幸。

对于家庭而言，夫妻关系应当永远高于亲子关系而居于第一位，但我们好多家庭把这个关系搞混了。

我曾经遇到一个这样的家庭：

女儿娇娇出生之后，妈妈把更多温柔的目光投向了娇娇，而忽略了娇娇爸爸。娇娇妈半夜起来喂奶的时候，看到鼾声如雷的娇娇爸就气不打一处来。娇娇爸为了避免家庭矛盾，索性搬到了书房睡，从此就成了妈妈带着娇娇睡，爸爸自己睡书房的状态。

娇娇爸其实是一个挺贴心的丈夫，也有心想在照顾孩子的事情上搭把手，只是初次当爸爸没什么经验，多少有点笨手笨脚：温奶瓶的时候常常弄错温度，帮宝宝换尿布总给穿反了……每当这时，娇娇妈总是不耐烦地把他推到一边，数落他什么都做不好，最后还得她自己来。

最后，在照顾娇娇的问题上，娇娇妈什么事都要亲历亲

为，完全把娇娇爸踢出场了，时间长了，娇娇爸在家里的存在感越来越弱，因为体谅娇娇妈的辛苦，所以对她处处忍让，而娇娇妈越来越强势……随着娇娇年龄的增长，问题慢慢显现了：娇娇坚定地认为自己是这个家里最重要的人，甚至经常学着妈妈的样子，对爸爸颐指气使，动不动就发脾气。

娇娇妈第一次看到女儿这副样子的时候，心里一惊！她仿佛看到了一个缩小版的自己！此时，她才意识到自己长久以来的做法或许是有问题的。

娇娇的表现令人意外吗？一点都不。

试想一下，长期生活在这样的家庭氛围中，受妈妈的耳濡目染，娇娇会怎样看待爸爸，又会怎样看待自己将来的另一半呢？

她会认为爸爸窝囊、懦弱，什么都做不好、可有可无，更可怕的是，她会将这种认知带到未来与另一半的相处模式中。

武志红在《为何家会伤人》一书中曾经提及，不健康的家庭模式有三种，其中两种为："烦丈夫，爱孩子"和"'没'丈夫，爱孩子"。

一个家庭里，父母相亲相爱，互相尊重，爸爸觉得妈妈好，妈妈觉得爸爸也不错，在这样的家庭氛围中长大的孩子，心理会更加健康、阳光。他们在未来的伴侣选择中也偏向于选择像自己父亲或母亲的另一半。

如果一个家庭里，有一方太强、一方太弱，两人不在同一个频率里，妈妈把爸爸当成一个窝囊废，或者爸爸把妈妈当成一个免费的保姆，话里话外透着不满和轻视……在这样的家庭中长大的孩子，往往很难在将来建立健康的亲密关系，容易走极端。女孩可能会不自觉地选择一个比自己弱很多或者比自己强很多的伴侣，陷入控制或者被控制的关系中，重复或试图摆脱父母的关系模式。

妈妈的情绪，决定了女孩的性情

古人云"妻贤夫兴旺"，抛开带有封建色彩的观念，细细品味这句话，在现今时代依旧是有道理的。

当一个家庭中，母亲的情绪稳定，处事态度平和，对于丈夫而言，更能安心地去拼闯事业；对于女儿而言，她始终能够感受到妈妈的爱和温暖。

台湾心理学博士洪兰研究发现：从人类进化角度来看，女性的情绪能量远远超过男性，**母亲是家庭的灵魂，母亲快乐全家快乐，母亲焦虑全家焦虑。**

试想这样的一个画面：

当你在山林之中，遇到了一只猛虎，你会有什么样的反应呢？

这时候你的肾上腺激素急剧上升，恐惧占据了你的整个身体。

188

　　同样的，如果在你的家里，你一直扮演的是一个母老虎的形象，那么你的女儿就会永远处在肾上腺激素随时准备上升的状态，永远处在紧张、焦虑、恐惧的状态中。

　　时间久了，她会形成焦虑型人格，自卑、胆小，不敢尝试新的事物，不敢表达自己的想法。

　　心理学上有一个词叫"踢猫效应"，是指对弱于自己或者等级低于自己的对象发泄不满情绪而产生的连锁反应。

　　"踢猫效应"是一种典型的坏情绪的传染。人的不满情绪和糟糕心情，一般会沿着等级和强弱组成的社会关系链条依次传递，由金字塔尖一直扩散到最底层，无处发泄的最弱小的那一个元素，则成为最终的受害者。

　　在家庭中，孩子无疑是最弱小的那个，也很有可能是那个最终的受害者。

　　当然谁都可能有负面情绪，作为妈妈也不例外。更何况是现代社会中的女性，职场要拼杀，家庭要兼顾，孩子的养育责任要负担，双方父母要照顾……身上肩负着太多的压力和责任。

　　长期处在疲累、烦躁的状态中，情绪一旦拥堵，没有正常出口，当妈的就很容易对孩子发脾气。

　　不少妈妈在无缘无故地向孩子发脾气后都会觉得内疚，想方设法去弥补自己的过失。其实，偶尔一两次的怒火并不会影响孩子跟你的关系，妈妈需要在孩子面前展示真实的自己，偶尔控制不住脾气，事后认真反省自己，真诚地向孩子道歉就可以了，要告诉孩子：妈妈发脾气，并不是因为你做得不好，而是妈妈太累了，控制不住情绪，妈妈向你道歉，妈妈对你的爱并没有因此而减少……

以上谈论的前提是，这样的情况并不是三天两头地发生。如果妈妈长期处在脾气暴躁的状态，首先应该做的是调整自己，只有你变好了，跟孩子的关系才会健康发展。

一个情绪稳定且真实的母亲，会培养出同样性情温和的女孩；一个脾气暴躁、情绪不稳定的母亲，培养出来的女孩则可能是缺乏安全感、无助、自卑、敏感、多疑的。一个在妈妈充沛的爱中长大的女孩，安全感更足，更自信，遭遇挫折之时，能够采用更加积极、灵活的方式去应对。

而灵活应对人生的能力，能帮助一个女孩进入积极、向上的人生循环，成为人生赢家。

做个60分妈妈，不必内疚，不必抱歉

　　相信不少妈妈在初为人母的时候，都自信满满地发过誓：我很爱孩子，我要当100分的完美妈妈。

　　于是，在完美妈妈的路上披荆斩棘，学习育儿知识，给孩子无微不至的关爱，高效、长时间的陪伴，精心的喂养。

　　然而，等等，似乎哪里不对，现实和理想还是有差距的。很快，一些妈妈就会发现，这么做不仅把自己搞得很累，而且最终会迷失了自己。当孩子对妈妈不再有那么多需求的时候，妈妈会感到困惑和空虚——那个时时刻刻都需要我，不停向我寻求帮助的孩子哪儿去了？

　　于是新的矛盾产生了，为了找到存在感，妈妈试图用近乎完美的行为控制孩子，任何事情都要亲力亲为，甚至替孩子操办、铺路、做主。然而，这剥夺了孩子真实的感受。

　　如果说对孩子完全不管不顾、抽烟酗酒打骂孩子的妈妈是"坏妈妈"，而以上文字所表述的妈妈是"完美妈妈"的话，那么介于两者之间，其实存在一个"足够好的妈妈"。

"足够好的妈妈"一词，是由英国心理学家温尼科特提出的，他在《婴儿与母亲》里有这样的观点：

追求完美会剥夺婴儿应有的成长机会，在婴儿最需要时全身心投入，之后适度退出，让婴儿学会应对母亲之后的疏忽和失误。这是孩子成长过程的需要，因为他们迟早要面对世界给予的打击与挫折。

著名心理学家曾奇峰，将这个词理解为一个通俗易懂的概念——60分妈妈。

对此，我们可以做这样简单的理解：**妈妈给孩子提供60分的"抱持"环境，给孩子足够的安全感，将40分的自由、自我探索的空间和自我体验还给孩子。**

即便一位妈妈用了100分的努力去学习如何照顾好自己的孩子，如何提供100分的物质基础，也要在给予孩子的时候，隐藏起那40分。

职场妈妈：高质量的陪伴优于长时间的陪伴

职场妈妈最大的无奈，或许是在孩子最需要陪伴的时候，工作指令也在催催催。左手抱娃，右手拼杀，苦不堪言，但最后往往成为职场上的落伍者，又没有在孩子最需要的时候给予孩子足够的安全感。

于是太多的职场妈妈陷入了育儿鄙视链的末端，并试图用大量的金钱、物质，甚至不合时宜的关爱和陪伴来补偿孩子，到头来却发现，孩子并不需要。

其实职场妈妈们不需要给自己这么大的压力，做不到100分妈妈，但你可以做一个60分的妈妈，给予孩子高质量的陪伴，一样可以使孩子更好地成长。

陪伴有两种：时间陪伴和情感陪伴。

情感陪伴，用温尼科特提出的"抱持"观点可以解释：好的父母会提供抱持性环境，当孩子表现好的时候给予认可，当孩子受到挫折的时候提供支持。

对于孩子而言，两者都被满足当然更好，然而世事难两全，作为职场妈妈，如果保证不了充足的时间陪伴，那么能保证足够的情感陪伴，尽力而为，没什么好愧疚的！

时间从来不是判断是否亏欠孩子的标准。只要妈妈给予的陪伴是正向的、优质的、积极的，孩子便能够一直感受到妈妈的情感连接和关怀。

我曾经向读者推荐过一本绘本《我妈妈上班去了》，这本书的主题是引导孩子们正确面对分离焦虑，引导妈妈们正确面对与孩子的分离。书里提供了一个解决分离焦虑的好办法：高质量的陪伴所营造的安全感，让孩子即使看不到妈妈也依旧感受得到，也会在情感上和妈妈建立连接。

我通常会建议我身边的职场妈妈们，为下班回到家之后和孩子待在一起的几个小时制订一套严格的时间计划，用来和孩子进行亲子阅读、游戏互动，或者一起做家务、做亲子烘焙，等等。

其实，这2—3个小时的高质量陪伴，往往优于一整天的低效陪伴。

职场妈妈，请收起愧疚，高高兴兴地去做一个职场妈妈吧。工作时尽忠职守，下班后尽情享受亲子时光。

告诉孩子，你是一名尽职的医生、教师、记者、警察……

当孩子对其他小朋友自豪地说："我妈妈是个了不起的医生，能治病救人。"那份自豪感也将引领着他们在今后成为对社会有用的人。

全职妈妈：别让孩子绑架了你的生活

我特别佩服全职妈妈，尤其是曾经在职场上披荆斩棘，却在鼎盛时期甘愿为了孩子放弃职场上多年打拼下来的成就，回归家庭做围着尿布锅台转的家庭主妇。

全职妈妈要背负的一切，远比大家想象的多。

脱离原来的圈子，没有了收入，每天面对的都是周而复始的单调育儿琐事，唯有从孩子一天天的健康成长中得到宽慰和成就感，而这唯一的成就感，很多时候也是她们内心的隐痛——自己仿佛沦为了老妈子，孩子成了唯一的精神寄托！

我特别想对全职妈妈们说一句话：一天24个小时，在给予孩子长时间及高效的陪伴外，也请留出几个小时来给自己。

　　我的一位媒体前同行，在有了女儿之后选择离职成为全职妈妈，但当孩子一天天长大，开始有了自己的社会交往时，她突然意识到，孩子是独立于她而存在的。即便她竭尽全力牺牲自己的一切给孩子最好的关怀和照顾，孩子终究有一天要迈出家门，自己去体会世界，拥有自己的人生。那么作为妈妈，她自己的人生呢?

　　她开始惶恐这几年与社会脱节带来的影响，开始学习心理学和美术课程，兼职在网上写作，逐渐开始熟悉新媒体的写作和运营方式，后来自己运营一个女性新媒体账号。

　　最开始她选择在孩子睡着的时候写作和阅读，后来逐渐变成陪孩子亲子阅读一段时间后，给孩子和自己一个独处的时间。她让女儿在这段时间里自由做自己想做的事，如画画、搭积木、阅读，她不会去打扰孩子，孩子也不会去打扰她。

　　一段时间下来，她发现，在一个安全的范围内给孩子最大的自由，孩了更能"施展拳脚"，用自己的方式认知周围的事物，心智和胆量都能得到很大的提升，同时，专注力也提升了不少。

　　一手带娃，一手创业，她的感触是：带娃要精致，但是没必要那么精细，手拿把掐往往会扼杀孩子的潜能；而当她学会适当放手，她也有了更多的时间和精力去挖掘自己的潜能，追求自己的人生。

母爱是一场得体的退出

"母爱是一场得体的退出"，这句话大家或许都听过看过，然而，要真正做到，真的不容易。

当女儿与妈妈母体分离的那一刻起，就意味着今后将要面临着一场又一场分离。

她会走了，离开你的怀抱；

她离乳了，离开你的喂哺；

她入园了，离开你的日夜照顾；

她开始交朋友了，离开对你的依赖，开始在和其他小朋友的关系中习得规则，拥有了与你无关的喜怒哀乐；

渐渐地，她入学了，长大了，开始了青春期的萌动，开始厌烦你的唠叨……你觉得她离你越来越远了；

她上大学了，离开你去另一个城市甚至另一个国家开始自己的生活；

她工作、结婚了，完全脱离你而成为一个有思想、有能力、有经济能力的人，最后在那条你带着她颤颤巍巍学走路的路上，只给你留下一个遥不可及的背影……

这很伤感，却是每个妈妈都必须面对的现实。当初，我们不也是这样从妈妈的保护里走向自己的人生的吗？

再说，不退出又能如何，多少扭曲的亲子关系，都是由于母亲在本应退出的时候不愿意从孩子的生活里离场造成的。

妈妈的得体退出，也会让女儿将来为人母时能更合理地处理亲子关系，明白进退之间的分寸和重要。

最后，在妈妈的身份外，一个女人还有很多不同的角色身份，在适当的时候放开手，让孩子自由地去过自己的人生，也让自己去重拾因为养育孩子而搁置的梦想。

等你到了60岁，回首和孩子走过的那些岁月之时，可以感慨：我给了孩子爱和自由，同时也给了自己一段精彩的人生！

大吼大叫，培养不出好女孩

被怒吼时沉默的孩子在想什么

那天早上女儿不好好吃饭，吃了一张小饼，就开始在餐椅里东张西望，然后爬上爬下玩玩这个玩玩那个。刚好那段时间幼儿园老师跟我反映女儿吃饭不如以前，一见她不好好吃饭，我立刻就火气升到脑门。

然后我当着她的面边怒吼边表情狰狞地把所有食物都倒进了垃圾桶……

女儿一句话不说，默默地看着我，以前我发脾气的时候，她都会很小心地哄我说"妈妈不要生气嘛"，而这一次，她面无表情地看了我半天，最后默默地拿起绘本画画。

我见她对我的极端行为没有任何反应，更是气不打一处来。

我问她："为什么不吃饭？不饿还是不好吃？"

她不说话。

我怒吼："说话！"

她惶惶地抬头看了我一眼，低下头噘起小嘴：“不饿……”

我严肃地盯着她看了半天，那一刻我的人格就好像分裂了，一个天使一个恶魔。

恶魔在我耳边怒吼：“你辛辛苦苦为她做的饭她居然一点都不领情，你是上辈子欠了她的吗！”

天使恨铁不成钢地在我耳边说：“你是疯了吗？人家不饿就不吃没毛病啊，你不饿的时候你妈逼你吃饭你是什么反应？跟妈妈甩脸色来着吧？现在你女儿没对你甩脸色，你还来气了！”

想到这儿，我意识到是自己情绪失控了。我平静下来，在女儿身边蹲下去，语气也缓和了很多，我问她：“已经吃饱了吗？”

好像在一瞬间，我们之间凝固的气氛就化解了。

女儿看我蹲下了，点点头：“不饿。”

我握住她的手说：“好的，妈妈知道了，你不饿所以不想吃。妈妈刚才生气，是担心你饿着了。妈妈刚才很吓人对不对？抱歉，妈妈吓到你了……”

听到这话，女儿忽然扑到我怀里，哇的一声哭了出来……

那一刻我心中百感交集。当我怒吼的时候女儿只是沉默地看着我，眼神里有恐惧、疑惑，甚至茫然，她根本就不知道自己做错了什么竟让我如此暴怒，只能用沉默来抵抗。

但是当我蹲下去、去掉盛气凌人的气势，她感觉到自己被接纳，突然就愿意对我敞开内心了。

那一刻我深刻地体会到：所有的怒吼对于教育孩子而言，都是无济于事的。

孙瑞雪在《爱和自由》里说，经常被训斥、被打骂的孩子是不需要思维的，他们反应比较快，好像不经过大脑。

我想这是因为父母已经人为破坏了孩子的内在感受。

怒吼没有任何意义

那一次，女儿在我怒吼下的反应让我感到后怕。

做母亲的，吼完孩子，不怕她哭，不怕她和你讲理，甚至不怕她和你顶嘴，最怕是她把情绪调成了静音。

这让我想到了以前在节目中看到的一位妈妈的一段自述。

那位妈妈说，有一次她出门前，女儿突然把一瓶牛奶砸在了地上，她冲上去劈头盖脸冲孩子一顿吼："你怎么能这样？"被妈妈这么一吼，孩子吓得一哆嗦，当时就愣住了，眼神里充满了恐惧，忘了说话，甚至连哭都忘记了。

妈妈看到女儿这个表情，立刻意识到自己错了。

她说："要改正孩子，不是要让她在记忆中留下一个妈妈不允许我犯错的烙印。"

后来有一次，当女儿又将牛奶砸到地上的时候，她没有批评，而是走过去抱住了手足无措的孩子。这一次，女儿哇的一声哭了出来。

那位妈妈所讲述的经历，和我与女儿所经历的，简直一模一样！

现在让我们来看一下，怒吼到底有什么意义？

当孩子处于无意识或者好玩儿做了某件事，旁边的妈妈忽然毫无预兆地怒吼了起来。

被怒吼的时候，孩子并不知道自己做了什么，为什么错了，她们能感受到的只有恐惧。

这种恐惧会让天生就心思细腻敏感的女孩们觉得，妈妈不爱我了！

怒吼只是一种情绪发泄，不是一种有效沟通。

经常被吼的孩子易自卑

我无意中看了一本德国绘本，名字叫《大嗓门妈妈》。

当小企鹅被大嗓门的企鹅妈妈吼得身体四分五裂的时候，我想到了那些在面对父母怒吼时把情绪调成静音、不敢言语，甚至不敢哭的孩子，他们的内心是否也是四分五裂的呢？

即便后来企鹅妈妈将小企鹅破碎的身体重新拼好、缝合好，小企鹅拉着妈妈的手回家了，可是孩子所遭受的父母情绪上的暴力、言语上的暴力，是否真的能够愈合呢？

有的孩子可能会在内心对父母产生怀疑，甚至是距离；

对父母的怒吼已经习以为常的孩子，可能会认为：你吼你的，我玩我的，懒得反驳和辩解。可是问题依旧摆在那里。

最严重的就是有些孩子内心被父母的情绪反复摧残，逐渐形成了自卑的性格，甚至觉得父母讨厌自己，自己做什么都是错的。

若每个怒吼的妈妈冷静下来考虑一下，你吼的原因，真的是孩子做错了吗？

有些看似孩子做错了事情，比如弄洒了牛奶、弄坏了玩具，其实可能是因为孩子的年龄太小，身体能力尚未达到手眼完全协调的程度，而不一定是孩子故意搞破坏。

有些孩子的"破坏"行为，可能与特定年龄段的一些特点息息相关，比如秩序敏感。

当然，更多的时候，你的情绪失控，可能仅仅是因为，你太累了，你到了生理期，你内心积蓄了太多的压力……

家长要学会巧妙控制自己的情绪

不少妈妈问我，忍不住吼了孩子怎么办？会不会让孩子留下什么心理阴影啊？

我想，在中国这样一个大环境下，我们这一代人所承受的家庭和社会重担前所未有的巨大，极少妈妈能够做到云淡风轻，佛系到完全不发脾气。

育儿是一场修行，你我都在修行的路上，所能做的就是先接纳最真实的自己，然后再一点一点地变得更好。

如果你是一个平时很少发脾气的妈妈，偶尔因为一两件事情绪失控，完全不必担心因此会给孩子造成什么阴影。

我们接纳孩子，首先要做的是接纳真实的自己，也要让孩子看到最真实的父母。

真实的父母总是不完美的，偶尔也会发脾气、动怒，但仅仅是偶然为之，孩子也会接纳不完美的我们，这比你做作地在孩子面前刻意地营造一个100分的好妈妈形象要好得多。

如果忍不住对孩子发脾气了，事后补救很有必要。真诚地对孩子解释一下自己为什么发脾气，告诉孩子，虽然妈妈没忍住脾气，但并不代表妈妈就不爱你了，妈妈是永远爱你的。

有些妈妈说，对孩子怒吼已经成了家常便饭，想改变但是步履维艰。

这里有一个很好用的方法，如果能够长期坚持，并且在动怒的时候首先想到这个方法，对于缓解怒吼的确有很大帮助。说真的，像我这么暴脾气的人，已经变得好多了！

这个方法，我给它起了个名字叫"皮筋转移注意力法"。

有段时间我的左手经常绑着一根小皮筋，每次想对维尼发脾气的时候，我就先用手去弹皮筋，皮筋打在皮肤上的疼痛使我的注意力转移。一边心里默念：忍住，忍住，忍住……（其实默念：亲生的，亲生的，亲生的……也是可以的。）

忍住了不发火之后，再慢慢对孩子"动之以情晓之以理"。

如果这股火憋在心里实在难受，可以试试拿一个娃娃作为替代品，把自己关在房间里，对着娃娃将孩子惹毛自己的前因后果说出来，对孩子的唠叨和不满也说出来，既发泄了情绪，同时也是一个厘清思路的过程。在你倾诉的同时，很多问题都会被化小为无或者找到解决方案……

把孩子当出气筒，这样的行为是最不可取的。当你真的太累了，不妨告诉孩子：妈妈今天有点烦躁，妈妈太累了，妈妈爱你，但是妈妈也想静静！

选一种你认为最减压、最能发泄情绪的方式，将情绪发泄出去吧！

心理学上有一个词叫"南风效应"，源于法国作家拉·封丹写过的一则寓言：

北风和南风比威力，看谁能把行人身上的大衣脱掉。

北风首先来一个冷风凛凛、寒冷刺骨，结果行人为了抵御北风的侵袭，便把大衣裹得紧紧的。南风则徐徐吹动，顿时风和日丽，行人觉得春暖上身，始而解开纽扣，继而脱掉大衣，南风获得了胜利。

吼叫好比北风，让孩子把衣服越裹越紧，离我们越来越远。

育儿育己，唯时刻敦促，愿我们终有一天能够体会到，不吼孩子的感觉好极了！

别做"消失"的爸爸

　　我们国家一个非常典型的家庭现状，被称为中国式育儿：焦虑的母亲、消失的父亲、失控的孩子。

　　在中国，育儿这件事好像从母亲生下孩子的一刻开始，就自动归为母亲一人的责任。于是，有的爸爸便将"妈妈在家带孩子，爸爸挣钱养家"看成了一件"天经地义"的事，拜托，都什么年代了！那么多妈妈背着奶瓶在职场上所向披靡，爸爸们却依旧没有在心理上摆脱巨婴思维，还在心安理得地当甩手掌柜。

　　爸爸们不知道，您的一言一行，都会影响孩子，形成孩子的世界观、人生观、择偶观。

　　如果说母爱可以给孩子感性和温度，在另一个维度上，父爱决定了孩子的理性与选择。在某种程度上，父亲决定了孩子的选择与人生。

"爸，我妈呢？"

有一个非常流行又无奈的段子，孩子总会问妈妈："妈，今天吃什么？""妈，我渴了……""妈，我买的新衣服哪儿去了……"而面对父亲，往往只有一句话："爸，我妈呢？"

父亲的长期缺位，造成了太多孩子的成长过程中只有妈妈。

一个家庭里只有女性挑起育儿重担，我们把它戏称为"丧偶式育儿"。

曾看到过一组非常震撼人心的摄影作品，法国视觉艺术家Camille Lévêque用讽刺的手法来展现当下环境中一些缺失的亲子关系。

在这些作品中，父亲们都"消失"了，他以此来讽刺那些缺乏家庭观念的父亲，讽刺"丧偶式育儿"。

父亲的长期缺位，会影响女孩，尤其是3岁以后的女孩建立健全的人格。

如果说一个婴儿出生之后认为"我即世界"，活在一元关系中，那么当她意识到妈妈的存在时，二元世界便产生了。

当孩子进入3岁左右，开始意识到家庭中还有父亲的存在时，她才能够真正地意识到"三元世界"，而"三元世界"正是一个成熟的成年人所身处的世界和人际关系。

中国传统的"男主外、女主内"的观念和父亲对于孩子的家庭教育意识滞后，导致了缺位的父亲。从短期来看，父亲在亲子关系上并没有失去什么，但在长期的关系中，孩子会习惯家庭中没有父亲的存在，而将关心的重点转向母亲一方。这也就是为什么有的家庭中，父亲到了晚年会自动被家庭成员"屏蔽"，成了伪"空巢老人"，而女儿只会关注和关心母亲一方。

总也不陪孩子，别怪孩子和你不亲啊！

比丧偶式育儿更糟糕的，是诈尸式育儿

相比父亲长期缺位的"丧偶式育儿"，还有一种更让人无语的"诈尸式育儿"。

所谓"诈尸式育儿"，就是作为爸爸，大部分时间都不管孩子，却总是会在妈妈教育孩子的时候忽然跳出来发表"高见"，说你这做得不对，那做得不好，刷一波存在感，让孩子更不服妈妈的管教。

不管你就不管吧，还拆台！

我们在工作中就曾经遇到过这样的家庭。

依依的爸爸是一位网络工程师，尽管自身受过良好的教育，但他并不热衷于家庭教育，每次依依妈妈试图和依依爸爸沟通关于依依的成长问题时，依依爸爸总是一副"这是你们女人的事"的态度。

但每当依依妈妈管教依依的时候，依依爸爸又总是忍不住跳出来当着孩子的面挑依依妈妈的"毛病"："你不能总是催促孩子，她现在还小没时间概念的，你这么催也不管用啊！"

"吃饭的时候和睡觉前最好别训孩子，尤其是睡觉之前，你让女儿总是带着惊恐入梦怎么行？"

每次依依爸爸说这些话的时候，都像一个领导指示工作般"指点江山"，打乱了依依妈妈所有的节奏不说，最后留下一个大哭不止的女儿和一个满肚子委屈的妻子在风中凌乱，他自己倒抱着手机刷视频去了！

如果依依妈妈忍住不发火，对依依爸爸说："好，既然你这么喜欢指点江山，那你陪孩子玩一会儿吧！"不出5分钟，必定鸡飞狗跳，孩子号啕大哭，而当爸的不知道躲哪儿去了。

其实，家庭教育中最大的忌讳就是父母互相拆台。和"一个唱红脸，一个唱白脸"相比，"诈尸式育儿"更容易让孩子对妈妈产生不信任感，爸爸破坏了妈妈的育儿权威，又不愿承担育儿的责任，非但不能更好地教育孩子，还会让母亲和孩子之间的关系出现问题。

所谓"诈尸式育儿"，本质上是夫妻之间的权力斗争，夫妻双方在争夺话语权和在家庭中至高无上的地位。

在这种关系中，妈妈虽然忍辱负重，但毕竟她是成年人，成年人之间的权力斗争相对来说是平等的，受伤害最大的，其实是孩子。所以，哪怕你做不到一个能够事事都帮上忙的爸爸，也请做一个能够和妻子站在一条战线上，无条件支持妻子的育儿工作并且提供精神支持的爸爸。

真正的王者荣耀是"超级奶爸"

南非作家卡西·卡斯滕斯在《世界需要父亲》一书中提及，早在12年前，父亲参与研究联盟（FIRA）查阅了150篇硕士和博士论文，并发表了一篇关于父亲的令人吃惊却又耐人寻味的报告。报告详细描述了父亲的积极陪伴对孩子影响的广度和深度，从历史角度讨论这一影响，并且得出非常明确的结论：有父亲积极参与成长的孩子，从社交、情感、认知和身体上都好于没有父亲的同龄人。

FIRA报告指出，一个积极参与孩子成长的父亲给孩子的情商发展带来意想不到的众多益处：

▷ 更能忍耐和处理异常、充满压力、令人沮丧的局面；

▷ 更大的内控点，因而更幸福；

▷ 更多的好奇心和探索欲；

▷ 更高超的解决问题的能力；

▷ 能以更适当的方式管理情绪和冲动；

▷ 更能采取主动。

显而易见，一个成熟的男人更大的成功并不是他为家庭赚取多少财富，而是他以父亲的身份陪伴孩子成长，让孩子成为一个阳光、健康、有担当，并且幸福点爆棚的人。

作为父亲，在巨大的生活和工作压力下，很多时候确实身不由己。如果你真的不能经常陪伴着孩子，那么或许你可以试试将以下3点做得更好。

提高陪伴孩子的质量

作为父亲，如果你是为了给家人创造更好的生活条件而无法花更多时间陪伴女儿，其实无须过度自责，在有限的时间里，你依然可以给予女儿高效的陪伴。

可以多和女儿进行适合她年龄的亲子互动游戏，陪她看看她喜欢的电影、动画片；女孩大一点之后，可以用朋友的方式，和她畅谈一下她的理想，对未来人生的规划，甚至她喜欢什么样的人。

沟通的关键是，倾听孩子在说什么，不能兀自打断或者一味说教。

爱孩子的妈妈

给女孩最好的家庭教育，就是爱她的妈妈。

让孩子看到积极健康的夫妻关系，这样的家庭氛围会内化为女孩对自己今后的家庭模式的期望。

经常在孩子面前肯定妈妈：

"宝贝这么乖，都是妈妈教得好！"

"妈妈说得对，一天只能吃一块巧克力，不能再吃第二块了……"

"妈妈平时在家带你很辛苦，宝贝你要多体谅妈妈哦……"

多点感恩和体谅，既让妻子感觉到你的关怀，也让女儿知道，父母是一个紧密的整体。要知道，父母相爱，对女孩而言。是一种巨大的安全感来源。

放下手机，离开电脑，多带孩子出去走走

一个好的父亲，应该是一个能够管理好时间的人、一个自律的人。

在陪孩子的时候，请放下你的手机，放下你的《王者荣耀》。

真正的王者荣耀是陪孩子走出去，到大自然里去跑跳，陪孩子锻炼身体，磨炼孩子坚强的品性。

请让孩子看到，父亲才是一个真正的王者。

父亲，关系着女儿将来的婚姻幸福

　　在我还是一个小女孩的时候，父亲在我的心目中真的是高大伟岸且深沉的形象。

　　他勤于做家务劳动，因为参过军，他在家的时候，家里都会被打扫得整齐得当。

　　小时候，每次他做家务的时候我给他打下手，总会有一种默契感，这种默契感让我萌生了一种想法：今后找另一半，就要找如父亲这样勤劳爱做家务的男人。

　　然而，我的父亲又是一个脾气极为暴躁的人，常常会无法控制自己的情绪，这个缺点多少也被我耳濡目染地习得了。所以每次看他脾气火爆的时候，我心中又会萌生另一种想法：今后找另一半，绝对不能找像我父亲这样脾气的男人……

　　这些听起来有点前后矛盾的想法，其实在很多父女关系中，都是实实在在存在的。

女孩会按照爸爸的样子寻找另一半

父亲是女儿生命中的第一个男性形象，也是女孩出生后关系最为密切的第一个异性，其言行、举止、喜好、秉性，甚至衣品、三观，都深刻地影响着女孩。所以，有意识或无意识地，女孩可能会基于父亲的特质来选择未来的伴侣。

她既可能会渴望有一位复刻了父亲许多特征的男性作为伴侣，也可能会选择一位与父亲截然相反的男性来交往，就像我希望另一半的良好生活习惯如我的父亲一般，而一定不能有像我父亲那样的坏脾气。

因为对女孩来说，父亲就是她们未来择偶的参照物。

父女关系，是女儿生命中第一段与男性建立的关系。在成长过程中，女孩会渐渐熟悉这一段与男性建立的关系模式，并将这其中的关系模式带入未来与其他男性的关系中。

小女孩会观察父母与自己互动的方式，以及父母之间互动的方式。这些会成为她未来看待亲密关系的基础。

心理学家和社会学家们的一些研究发现，与父亲关系良好的女孩，比起父亲角色缺失或与父亲关系较差的女性，她们更不容易发生高风险的性行为，不容易在青少年时期怀孕，且在性方面更有自主意识。例如，能够更好地分辨与拒绝不想要的性关系。

溺爱和冷漠都会造成女孩极端的择偶观

父亲对女儿的爱，拿捏得当，才能给予孩子正向的帮助。

太过宠爱和太过冷漠，所有过于极端的父女关系，都会让女孩产生极端的择偶观。

现在有太多的爸爸成了女儿奴，女儿就是小公主，百依百顺，捧在手心里怕摔了，含在嘴里怕化了，做父亲的竭尽全力要给女儿世间一切美好。

这会让女孩产生一种错觉：世界上所有的男性都会像也应该像父亲一样包容我、宠爱我。

在亲密关系中，她也会倾向于寻找一位像父亲一样包容、宠爱自己的伴侣。然而伴侣终究不是父亲，女孩进入关系后感受到的落差，以及对亲密关系的不合理期待，会让她对亲密关系、婚姻产生怀疑。

还有些父亲在女儿面前刻意保持威严，甚至冷漠，这可能会让女孩长大后成为"大叔控"。在一段关系中，她们寻找的并不是精神上的契合，而是穷尽一生来治愈童年时父亲的冷漠和缺位造成的遗憾。她们在潜意识中寻求一个"理想中的父亲"，来爱自己、宠自己，以弥补童年时父亲没有给予的父爱和安全感。

不吝啬对女儿表达爱

东方人对爱的表达往往都是很内敛的，不好意思用口头语言和肢体语言表露出来。

甚至有的父亲认为，对女儿严格要求，甚至责骂，本身就是一种特殊的表达爱的方式。

但在女孩的眼中，苛刻和责骂都是"爸爸不爱自己"的信号，孩子无法拨开厚厚的伪装去看清父亲深沉的爱。

所以，请父亲用女孩能够理解和体会到的直观的方式表达对孩子的爱，多给孩子一些拥抱，多对孩子说"爸爸爱你"，多给孩子肯定和关爱的眼神……

孩子会在这样的表达中体会到来自父亲的安全感。

父亲的爱，要讲究"度"

父亲对女儿的爱，需要设定一个边界，宠爱和满足都需要有度的把持。

在家庭教育中，父亲要和母亲坚持同样的原则，不能无条件地满足女孩所有想要的东西，女孩犯了错误之后不能因为不忍心而免除应有的惩罚。

让女孩感受到父亲对她情绪和性格的接纳，但真正的父爱是有所为，有所不为。例如，父亲可以接纳孩子悲伤脆弱时的哭泣，因内向、害羞而不愿跟别人打招呼的行为，但不能无条件地接受女孩骄横无度，一难过或者生气就摔东西甚至打人。

有原则和边界的爱，能培养女孩自控、自律的好个性，同时拥有同理心，在未来的人际关系中，能设身处地为别人着想，获得好人缘。

帮助女孩树立正确的婚恋观

在女孩成长中的恋爱敏感期，父亲应该多和孩子谈一谈什么样的异性才是她喜欢的，接纳孩子对异性的好感并合理引导，这对女孩树立正确的婚恋观十分关键。

良好的父女关系中，女孩都希望另一半能够被父亲所认可。往往来自父亲的中肯建议，更能够帮助女孩寻找到如意的另一半。

第九章

×

女孩，要学会自我保护

对女孩进行性教育，不怕早

性教育缺失，应从我们这一代结束

教育家马卡连柯说，在性教育问题上具有决定性作用的，不是专为性教育预定的某些个别的方法，而是教育工作的全部范畴。

一篇相关的调查文章中曾经说，性教育缺失的孩子，大部分的知识是从A片中来的。

香港媒体曾经做过一个调查：你的性教材是什么？

九成男性和四成的女性选择了A片！

2016年《中国性教育现状报告》显示，我国青少年获取性知识的主要渠道是：色情光盘、网络图文和影视作品。

在中国人传统的思想里，性是肮脏的，是不能拿到台面上来讲的。我们父母那一代没有接受过真正的性教育，都是靠自己的摸索长大的。到了我们这一代，他们自然拿出了同样的方式对待我们。他们或许认为，这有什么问题呢，一代一代的人不都这么长大的吗？问题是一直存在的，只是之前很多的悲剧不被大众所知道。

感谢现在的网络信息发达，我们得以知道很多曾经不知道的由于性教育缺失导致的悲剧：

一名网友说，小时候，邻居哥哥以做"好玩的游戏"为借口哄骗她，她傻乎乎地被性侵了……

一位医生说，她曾接诊一名14岁的少女，都怀孕6个月了，妈妈才发现不对劲。她妈妈一直以为孩子是青春期长胖了，直到孩子好几个月没来月经了才反应过来。问及孩子，她说发生了性关系之后，以为可乐杀精，喝了可乐就不会有孩子了！

2011年，一项对青少年性教育的调研结果显示：
76.1%的初中生不知道"人流"的危害性。
67.3%的初中生和45.5%的高中生对避孕一无所知。
61.1%的初中生和53.6%的高中生不知如何预防性病。
64.6%的初中生和48.2%的高中生不知如何防范性侵。
（出自《2011青少年性教育现状调查》载《中国性科学》）

很多人对性教育的存在认知误区，以为孩子知道得越早，越容易刺激孩子早熟，性行为发生的年龄也会越小，教育似乎变成教唆了！

而现实往往与其相反。根据西方国家的调查显示，越是性教育成熟的国家，青少年性交和生育率的平均年龄越大。例如，荷兰的家庭和学校都给予充足的性教育，孩子们很少被误导和隐瞒。

我们并不是性教育缺失的第一代人，但是我希望是最后一代。而我们的下一代，可以从小充分认知性知识，并且有强烈的自我保护意识！

按阶段对女孩进行性教育

那么，作为女孩的父母，我们应该如何对女孩进行性教育呢？

0—3岁，认知性别和身体

女孩出生以后，通过吸吮手指等行为感受到自己身体的存在，逐渐会对自己的身体和其他人的身体产生好奇：我的身体为什么和小弟弟的不一样？

父母不要含糊其词，要直观地告诉女孩，男孩和女孩在身体上的不同，可以借助《小鸡鸡的故事》和《我们的身体》等相关主题的绘本来给孩子讲解，孩子更容易理解一些。

同时，父母给女孩灌输一些身体保护的常识，比如小内裤和小背心盖住的地方不能给别人看和摸，除了妈妈，任何其他人都不可以。

3—6岁，探索生命的起源

前面我们介绍了3—6岁女孩的"俄狄浦斯期"，在这个时期，孩子对父母的关系、两性之间的问题比较敏感，会追问父母自己是怎么生出来的之类的问题。

有些父母会逗孩子说是垃圾桶里捡来的，这样的玩笑开不得，性教育的问题父母应该认真对待。

父母可以跟孩子一起读《小威向前冲》和《乳房的故事》等绘本，并且适当补充相应的知识。

父母只要用平常的态度来讲解这些知识就好，不回避也不夸大，秉承"孩子问什么答什么，符合孩子年龄认知"的原则。不要用成年人的性语言来回答孩子的提问，如"性交""做爱"这类词汇，会让孩子一知半解，继续追问，让父母陷入困境。

通过探讨生命的起源，父母可以告诉孩子，每个人都是独一无二的存在，要学会珍惜自己的生命。

与此同时，这个阶段也是培养孩子建立身体界限意识的最佳时期，具体方法在前面的章节已有详细讲解，此处不再累述。

6—12岁，告诉孩子男女交往的界限

小学阶段的孩子，跟异性同学接触的机会增多，父母要及时帮助孩子建立起和异性交往的身体界限。男孩女孩之间正常的交流是应当被允许和鼓励的，但是不要有过分亲密的举动，如搂搂抱抱这类行为。

如果女孩回家跟父母说，有男同学某些行为让自己不舒服了，父母一定要重视起来，向女孩具体了解情况，教女孩如何保护自己，同时要跟老师沟通，请老师多留意。父母的重视会让女孩明白，她自己的感受十分重要，对父母而言也一样重要。

12—18岁，青春期要学会保护自己

青春期的孩子向往与异性交往，是青春期身心发育的必然需求。如何与异性交往，是培养孩子正确的性别角色和健康性心理的必修课。

孩子在青春期与异性交往的倾向明显，希望摆脱对父母的依赖。孩子在这一时期注重自我形象，有强烈的自我表现欲望，渴求得到异性伙伴的肯定与接纳。因此，父母要多关注孩子，经常询问孩子对异性伙伴的印象如何，以了解孩子的情感倾向和想法。

作为家长，不能总向孩子灌输异性交往的"害处"，而要公正地承认异性交往对孩子成长的益处。这是与孩子谈论异性

交往问题的前提。

支持孩子与异性交往，鼓励孩子邀请异性同学到家里共同学习或聊天。但父母应该有意识地引导孩子与多个异性伙伴交往，让孩子尽量避免"一对一"的异性相处。

在孩子的青春期，父母对孩子最大的支持，是给予孩子信任和尊重的前提下，给孩子制定和异性交往的规则，提醒孩子学会自律。规则的制定，可以有效规避很多危机、事故、犯罪等的发生，使孩子顺利度过青春期。

多关注孩子的心理和情绪变化，经常和孩子交流沟通，如果孩子愿意，她和异性交往的问题和困扰，都可以摆到桌面上开诚布公地讨论。

父母应该做好孩子的榜样，父母对待婚姻家庭、异性交往的态度会影响到孩子。让孩子学会明辨是非，学会自我保护。

不要用成人的视角去看待孩子的冲动意识和行为，堵不如疏是一种态度，培养自律是一种习惯。

最重要的是让女孩真切地意识到她的"自我"的宝贵，有了这个觉悟，她就会去寻找属于她的答案。

期待每一个孩子都能在阳光下健康成长，并在长大以后寻找到属于自己的幸福。

身体界限意识，是最有效的防线

温情小说《岛上书店》中，男主A.J.在捡到了养女玛雅之后，恶补了好多关于如何养一个女婴的知识，当然也没忘记上网查询一下，如何给一个2岁的女孩洗澡而不会认为是变态。

在A.J.的意识中，对一个女孩保持身体上的尊重和对她付出足够的爱，是同等重要的。

可能会有父母认为，亲生父母和养父母对待孩子，界限感自然不同。孩子是我亲生的，没什么好顾忌的，我想怎么来就怎么来。

这样的想法真的对吗？

曾有这样一则新闻，在网上引起了极大的争论：在一列高铁上，一名男子抱着一个五六岁的小女孩，举动异常。经查实，这名男子与女孩确实是父女关系，而当时，女孩的妈妈和外婆就坐在男子旁边，但二人全程毫无反应。在她们看来，父亲随意抚摩亲近女儿的行为是一种极为正常的行为。

强行亲吻、抚摩孩子，帮可以自己洗澡的孩子洗澡，超过底线的亲密接触，甚至，异性家长当孩子的面换衣服、日常居家如厕不关门……

这或许是很多家庭中常见的情形。

越是熟悉亲近的人，越没有和孩子保持身体界限的意识。然而父母们没有意识到的是，这在无形当中已经造成了对孩子心理的困扰。从儿童性教育心理学上来说，他们已经对孩子造成了隐性性侵害。

隐性性侵害虽然没有对孩子造成实质性的身体侵害，但会对孩子的性心理发展造成非常大的伤害，破坏孩子的身体界限和性心理发展轨迹。比如，有些没有身体界限意识的孩子，甚至会觉得被人亲吻、抚摩都是正常的行为。

孩子从8个月开始，就会慢慢在探索世界的过程中寻找一个问题的答案——我的身体到底是由谁说了算？

孩子经历了把东西放进嘴里、用小手抠窟窿、把一个盆子高高举起摔下、现在就便便/尿尿行不行呢……这些都是我们通常所说的"自我意识"。

这个过程大概需要持续到3岁，孩子才能初步构建出关于身体的意识，并在不断重复的点滴生活中，构建对自我的基本认知：我的身体是谁的？谁说了算？

但是通常孩子们的行为都会被父母因为各种原因而阻断。一旦孩子的行为符合父母的标准和期望，得到的就是表扬，违背了父母的标准和期望，得到的就是训斥，最终会让孩子认为：我的身体是不属于我的，一切取决于父母。

由于父母常常在无意识间对孩子进行强行控制，时间一长，孩子对自己身体和心理的界限意识也会变得不那么明显。然而，界限意识是性教育最根本的基础。自己的身体自己做主，不能任由别人随意控制甚至侵犯，如果孩子连这个基本意识都没有，谈什么性教育都是白搭。

网上有一则监控视频，几个小学生走进电梯，其中一名小男孩开始抱着小女孩亲。另一个孩子指着监控提示男孩，抱住女孩的小男孩甚至向监控挑衅了一番后，继续原来的动作。最后女孩离开电梯，男孩还不忘给她一个吻别。

有网友给这段视频配上了欢快的音乐，大家看了都觉得好玩。

抱歉！我笑不出来！这视频让我觉得特别不舒服！

不少人认为，小孩子的行为是童真的，没必要上纲上线。

我们不妨认真地审视这个视频，视频中男孩的行为很明显是在模仿成年人的行为，他的行为已经超越了他的年龄，不是所谓的"童真"！而小女孩全程是蒙的，她没有反抗，更不知道如何反抗。曾有科学研究指出，当人的身体界限感被侵犯时，很多人在惊恐之下的本能反应是不做抵抗，甚至还会有被侵犯者认为都是自己的错！

看了视频哈哈大笑的成年人，可见其对身体界限的意识有多模糊。

当一个女孩，从小到大都没有人告诉她"你有权利与他人保持身体上的距离"时，那么，当她面对骚扰和侵犯时，如何能做出有力反击？

亲子类综艺节目《爸爸回来了》里面有一期让我印象深刻：

嗯哼看到刘畊宏的女儿小泡芙很可爱，忍不住偷偷亲了她一下。杜江立刻用手挡住了嗯哼，并对嗯哼说："下次不许再这样突然亲别人，你亲别人的话你要问，我可以亲你一下吗？"

而刘畊宏对女儿的教育是，让孩子勇于说"不"。

刘畊宏说："如果大家都很喜欢你，你不能每个人都给他亲啊，这样爸爸会很吃醋、很担心。"

"下次再遇到类似情况时要说：你要亲我要经过我爸爸的同意！"

两个爸爸的处理都很棒。

要告诉孩子，当你不想被人触碰身体的时候，要礼貌并大胆地拒绝，因为你的身体应该由你来做主！我隔壁家的小男孩大我女儿几个月，特别喜欢和我女儿一起玩，这个孩子表达对我女儿喜欢的方式就是：亲亲+抱抱。

有一天俩孩子在楼下玩疯了，这小男孩抱住我女儿要一顿狂亲。我的女儿下意识躲了一下，小哥哥不依不饶非要亲到不可。

这时候过来一个7岁的孩子，在一旁起哄说："你俩亲一个给我看！你俩亲一个给我看！"

女儿看了一眼这个大孩子，推开邻居小男孩飞快地跑到我面前。

回到家，我问女儿："为什么突然不和小哥哥玩了呢？你是觉得小哥哥拽着你，非要亲你，让你感觉非常不舒服，对吗？"

女儿想了想，点了点头。

女儿对这件事的处理让我挺欣慰的，我告诉她："你这么做是对的，如果你不想让别人碰你，不管是亲你、拥抱还是拉手，你都可以大声并明确告诉对方停下来，并且及时躲开。"

女孩更要保护好自己

如果说男孩的父母们会担心孩子在外打架、惹事、翘课、莽撞、不守规矩，那么，女孩的父母在孩子的成长中可能会为孩子的人身安全担忧吧！

作为一个女孩的妈妈，自从有了女儿之后便深刻理解了我的妈妈当初为什么要严格把控我的回家时间，为什么要去哪里都要报备，为什么总是告诉我要走大马路不能为了图方便走小路……可怜天下父母心！

身为女孩的父母，从小培养孩子的自我保护意识，是十分重要的一项教育。

中国人民公安大学的王大伟教授曾经说过："这个世界不仅开满鲜花，更有大灰狼！"

我们总教育孩子要善良，但是其实更重要的，是要让孩子做一个聪明的善良人。

愚蠢的善良会限制我们和孩子的"想象力"，最终害了孩子。

请父母让女孩牢记以下几点，让孩子的善良中也要带着锋芒。

真正需要帮助的成年人，永远不会找比他弱小的孩子帮忙

英国一位叫Jodie Norton的四孩之妈，有一天在洗澡的时候感觉肚子非常疼，她只好把孩子们一同带到医院。

她联系了邻居大叔，请他来一趟医院，送孩子去学校。于是，她其中两个孩子，10岁的CJ和8岁的T-Dawg就乖乖坐在诊室门口的长凳上等着。

妈妈进诊室后不久，没等来邻居大叔，却等来了3个打扮得很奇怪的大人。

其中一个女人靠近兄弟俩说："小朋友，姐姐的男朋友因为害怕看病，现在躲在厕所里。你们能不能进去帮我劝劝他，告诉他医生会治好他的，不要担心了。"

10岁的CJ马上说："不行，谢谢。"

看到没效果，他们转而围着小一点的T-Dawg游说，T-Dawg也没有犹豫，一样说："不行，谢谢。"

这时，邻居大叔终于来了，把他们安全送到了学校。

回家后，妈妈Jodie听到孩子的描述，惊出一身汗，赶紧报了警。

警察一查监控录像，那几个奇怪的大人竟然就是之前一起儿童绑架案的嫌疑人！

这是一个屡次被提及的，教科书一样的例子。

根据真实案件改编的韩国电影《素媛》，女主角素媛正是出于善良去帮助假装求助的"大叔"，最终导致被性侵，终身致残的悲剧。

"真正需要帮助的人不会向比他弱小的孩子寻求帮助"，这句话父母要让孩子牢牢记在心里，要让孩子对所有来求助的陌生成年人保持警惕。

在外就餐时，警惕别人递过来的食物，看住自己的食物

2018年4月，在上海宝山的一家日料店里，监控拍到，趁女孩专注打游戏的时候，对面的男子在女孩饮料杯里撒了些东西。女孩后来一饮而尽，没多久就眩晕无力。男子就装作情侣的样子，搀扶着女孩到了酒店，实施了性侵。

外国有一位姑娘，和朋友去参加音乐节的派对，开心之余她拿出手机想要自拍，没想到却意外拍下了男子在她饮料里下药的动作！

……

每天我们都能看到形形色色的类似的新闻，对女孩而言，这个世界真的没那么安全。

我们的女儿终有一天要离开我们，有自己的社交圈，我们不可能为了保护孩子而把她禁锢在自己的羽翼下，但是我们可以从小就向女儿反复灌输社交活动中的注意事项，比如永远不要接陌生人无缘由递过来的饮料和食物；在外就餐时，你的食物和饮料不要离开你的视线。

出门在外，一定要和父母报备

如果有人告诉你"我们去哪里，千万别告诉爸爸妈妈"时，千万不要接受，并且提高警惕，如果需要帮助，请尽量制造噪声引起注意，找准时机快速逃走。

有一次我跟女儿一起听了一首很古老的儿歌，是这样唱的：

不要不要不要告诉爸爸妈妈
不要不要忘记我们的安排
悄悄对准手表上的时间
学校门口大家说声Bye Bye

越听越感觉不对劲儿！

这首歌叫《蓝天白云跟我来》，意在表达孩子们放学后的自由时光，但是第一句就违背了我们的安全教育！

请告诉孩子，爸妈可以给你自由，但是需要确保你的安全。不管你去哪儿，不管跟谁去，一定要让爸爸妈妈知道！

现在通信很发达，让孩子学会随时发定位，随时报平安。

和孩子约定一个"接头暗号"

和孩子约定一个只有你们才知道的"接头暗号"。

每天送孩子去幼儿园或者学校的时候，都要先告诉她今天是谁来接，几点来接。如果临时有变动，要请非经常接送人来接的话，别忘了让孩子和对方对"接头暗号"。

即便是孩子熟悉的邻居、父母的朋友出现在幼儿园、学校门口，声称来"接孩子"，也要让孩子保持警惕，要求对方说出只有你们知道的暗号。

和爸妈走丢了，要站在原地等候

如果在人多的地方和爸妈走丢了，一定不能乱跑，要站在原地等候。

这是在孩子走失后，能够尽快找到孩子的最好的方法！

如果因为害怕到处跑迷了路，请尽量找到有蓝白色公安标识牌、有"公安"字样的地方，向穿警察制服的警察叔叔寻求帮助。

父母要注意，平时不要总拿警察叔叔吓唬孩子！

警察只抓坏人，但永远不会抓爱哭的孩子。

相反，警察叔叔会在孩子哭泣的时候过来帮助他们。

不要随意向陌生人泄露个人信息和隐私

网购已经不是成年人的专利，我朋友家5岁的小女孩已经可以很熟练地用妈妈的网购账号购物了。

完全不让孩子接触网购不现实，但父母要让孩子注意的是：在网购和叫外卖的时候，尽量隐去门牌号和真实姓名，没必要写得那么详细，多走几步到楼下拿也是一样的。

在收到商品后，记得销毁外包装上的收货单信息。

如果选择了送货上门，更为安全的方式是请派送人员把东西放在门口。

记住，真正送快递或外卖的小哥都是行色匆匆的，因为他们赶着去送下一单。那些送完了还迟迟不走或者找借口上厕所的，一定要拒绝，不要相信他们并马上关上门确保自己安全！

有一位妈妈在网上讲述过她的经历：

有一天她带着孩子在家，因为身体不适，她在房间里睡觉，3岁的女儿在客厅里玩耍。

这时听见有人敲门，随后她听见了开门的声音，隐约听见一个自称KFC叔叔的男子让女儿去楼下拿外卖。

她立刻跳起来冲出门，看到女儿已经将被男子拉入电梯。她吓得急忙跑过去拉住女儿，在电梯关门的一瞬间把女儿拉了回来。

这位妈妈说，她并没有点KFC！

在此我要强烈"安利"一下这首我们小时候特别流行的儿歌了：

小兔子乖乖，把门开开，快点开开，我要进来……
不开不开我不开，妈妈没回来，谁来也不开！

带着孩子反复唱，反复演练陌生人敲门的这一幕，要让孩子在潜移默化中提高自我防范意识。

让孩子牢记紧急联系电话

在孩子能够说话的时候，就要反复地告诉孩子爸爸妈妈、爷爷奶奶、姥姥姥爷等看护人的姓名、手机号码、家里的车牌照等。

争取让孩子记到滚瓜烂熟的程度，万一走失的时候能用上。

教孩子牢记报警电话110，火警电话119，急救电话120，以防紧急情况发生。

遇到群体性袭击事件，立刻跑

米脂三中学生遇袭事件、上海世外小学学生及家长遇袭事件、重庆幼儿园遇袭事件……

一个又一个让人心惊肉跳的案例，作为父母的你是否恐慌了呢？

还是那句话，我们没办法永远把孩子藏在自己的羽翼之下，但我们可以教会孩子如何在紧急或意外伤害情况下尽力自保。

一旦遇到群体性袭击事件的时候，该怎么做才能把对自己的损伤降到最低？告诉孩子要迅速逃离的同时分清方向，避免跑进死胡同或者无方向地低头乱窜。

如果不行，就躲进附近的商店、宾馆、饭店等场所。

随身携带的东西不小心丢了，不管多重要都不要停下来捡。

不要停在原地哭，一定要冷静！

女孩的背包里，最好常备防狼喷雾等防卫工具

如果没有，花露水、摩斯，以及平时玩的弹珠、悠悠球也可以派上用场。

遇到自称你亲人的陌生人，不要试图和他们争辩，赶紧跑

当你走在路上，突然遇到陌生人拉扯你，对外宣称是你的爸爸妈妈爷爷奶奶甚至男朋友，赶紧跑！

如果你已经挣脱不掉，那就试图打翻周围小贩的摊位，或者损坏一辆停在路边的有车主在的汽车。

大声解释、争辩是没用的，旁观者只会误认为你是一个负气出走的孩子，和家人闹了矛盾，不会有人来管。

但当你用这种方法紧急避险就不同了，那些谎称"爸爸妈妈"的人会立刻溜掉。

"秒变熊孩子"，有时候可以躲过一劫！

不管发生了什么，请记住，爸爸妈妈永远爱你

最后，不管你遇到了什么，不管你遭受了什么侵害，请记住，不管别人怎么说，这不是你的错。爸爸妈妈永远爱你，永远会和你一起扛下去。

孩子被打了，要打回去吗

提及"校园霸凌"这个词，可能0—6岁这个阶段的女孩家长还不会有太大的触动。在孩子的早期阶段，"孩子打人"或"孩子被打"，是更让父母们头疼的问题。

要不要打回去，这是个问题

孩子被其他小朋友打了，到底要不要鼓励孩子打回去？

首先要明确，孩子"被打"的本质是什么？

0—2岁的孩子处于手的敏感期，会用"打""扔""摔"的方式来和小伙伴互动，这种行为不要上升至道德层面，在度过了敏感期之后，由家长正确引导即可消失。

但不排除有些孩子因模仿（比如家长就喜欢用打孩子的方式来管教或解决问题），将"打人"作为一种习惯，甚至作为解决问题的唯一方式。

尤其是孩子到了上幼儿园的年纪，在日常玩耍中，会碰见因为小事而引发的小矛盾、小冲突，不懂得用语言解决问题的孩子，惯用"打人"解决问题。

如果我们的孩子不幸遇上了这样的孩子，被欺负了，要打回去吗？

我个人认为，以暴制暴的方式并不可取，最关键的是，孩子打回去，就一定打得赢吗？可能不仅打不赢，还会让孩子受到更大的损伤。

而且，这样的行为也会让孩子认为：打人是一件正确的事，是解决问题的一种方式。

孩子被打了，父母怎么做

那么，孩子被其他小朋友打了，父母应该怎么做呢？

观察孩子的反应，避免主观误判

父母发现孩子被打了，首先要观察孩子对这件事的反应，如果孩子本身都没有觉得受到了伤害的话，爸爸妈妈完全没有必要小题大做。

其实成年人眼中的小孩子的"欺负""打"，很多时候是我们主观强加给孩子的。在我们看来两个孩子你打我一下，我踩你一脚，可能年纪小的、长得弱的吃了亏。其实在孩子眼中，不过是一种游戏，或者他们主观根本不认为这是被欺负。如果父母护犊情切，忽然介入，反而不利于孩子和其他小朋友的正常交往。

所以，在这种情况下，孩子的事，让孩子自己解决吧。

学会接纳孩子的"软弱"

有的爸爸妈妈看到自己的孩子被别的孩子打不知道还击，就火冒三丈，大声训斥孩子："哭什么哭，胆小鬼，打回去！"

这种方法只是让孩子服从父母的命令，一个习惯了屈服和顺从的孩子，又怎么可能在别的孩子面前表现强大呢？

父母在这个时候，最应该做的，是接纳孩子的情绪，让孩子把被欺负了的情绪发泄出来，安抚孩子，等孩子平静下来后，再和孩子讨论下次遇到同样的情况应该如何处理。

教会孩子如何自保

躲开是最机智并且有效的方法。

我们可以告诉孩子：当你被其他小朋友打、推搡而感到不适的时候，要迅速躲开，避免自己再次受到攻击，并且大声地、严厉地告诉对方：不许打我，不许欺负我。

也可以快速地躲开并且寻求家长的帮助。

增强孩子自身的气场

孩子的世界其实也存在着丛林法则，就像绘本《胆小鬼威利》那样，一些身高体重占优势的"大块头"孩子可能会霸道些，而瘦弱的孩子更容易被欺负。

父母要多带孩子参加体育锻炼，到户外玩耍，增强孩子的自身体能，提升孩子的自信程度，气场上来了，爱欺负人的"熊孩子"自然也不敢近身。

请家长把心态放平和

我们的孩子是我们的宝，别人的孩子也是人家的宝。孩子们一起玩耍，磕磕碰碰是不可避免的，小打小闹不必当真。

如果真的遇到了霸道爱欺负人的熊孩子，最好带着孩子迅速远离，防止自己一秒变泼妇的好方法就是：惹不起躲得起！

物以类聚，人以群分，对于熊家长和熊孩子敬而远之，减少烦恼。

当然，在判定对方是熊家长、熊孩子之前，先要看看自己和孩子是不是熊家长、熊孩子。

让孩子远离霸凌

随着孩子年龄的增长，尤其是今后面临的青春期阶段，我们所担心的就不再是学前期的"打人""被打"这么简单的问题了，因为你的孩子极有可能遭遇校园霸凌。

很多大人认为，孩子之间的"欺凌"不是欺凌，更有些学校和老师认为仅仅是"孩子之间开了一个过分的玩笑"。

可是，真的是玩笑吗？真的不会对孩子产生任何影响吗？

答案是否定的！

如果没有家长的规范引导和学校的监督管理，爱欺负人的孩子便会认为，这种"作恶"不需要付出代价，接下来会变本加厉，愈演愈烈！

校园霸凌正是因为家长的纵容或忽视，教育机构管理者的漠视，才会让欺负人的孩子认为，他们的行为是没问题的，是可以被原谅和开脱的！

对于校园霸凌，如果我们不告诉孩子那是恶，他可能把别人逼死。如果我们不告诉孩子要反抗，他可能被别人逼死。

校园霸凌，是学生在学校里长时间、重复地欺凌和骚扰他人的行为。家庭不和睦、对成年人暴力行为的模仿、学业压力的发泄，都会致使这一行为发生。

2014年，《美国精神病学杂志》发布的一项新研究发现，**童年时遭受的霸凌，其影响可能会从青春期和青年时期一直持续到中年。**

根据"英国国家儿童发展研究"的数据资料，大约有28%的儿童偶尔被霸凌，15%的儿童经常被霸凌。

研究结果表明，在几乎每一项衡量标准中，那些童年时期曾被欺凌过的孩子，人生中会遇到更多的问题。无论是偶尔或者经常被人欺负，这些孩子们在23岁和50岁时都会遇到更大的心理困扰。此外，童年时经常被欺负的孩子在45岁时会有更大的抑郁、焦虑和自杀风险，50岁时认知功能也会表现较差。

也就是说，霸凌所造成的心理和认知影响在40年后，仍然持续影响他们的生活。

再次，我希望每个家长都能告诉孩子：

当你举起打向他人的拳头的时候，你必须意识到你对他人的伤害，停止这种行为并承担后果。

当你在目睹欺凌的时候，不要纵容和参与，如果你没有能力让欺凌停止，请尽快告诉你的老师、家长。

如果你遭遇了欺凌，不要向父母隐瞒，记住，爸爸妈妈永远无条件地保护你！

本书参考资料

《科学的早期教育——培养聪明灵通的孩子》

作者：钱志亮

出版社：南京出版社

出版时间：2016年5月

《亲爱的安德烈》

作者：龙应台

出版社：广西师范大学出版社

出版时间：2015年4月

《系统解剖学（第9版/本科临床/配增值）》

作者：丁文龙、刘学政

出版社：人民卫生出版社

出版时间：2018年8月

《入学早知道》

作者：钱志亮

出版社：北京师范大学出版社

出版时间：2011年5月

《育婴师职业资格培训教程》

作者：湖南省育婴师国家职业资格培训与鉴定教程编审委员会　组织编写

出版社：湖南科技出版社

出版时间：2008年7月

《养育女孩》

作者：【澳】史蒂夫·比达尔夫　著　钟煜　译

出版社：中信出版集团

出版时间：2014年4月

《捕捉儿童敏感期》

作者：孙瑞雪

出版社：中国妇女出版社

出版时间：2004年

《善解童贞——0—6岁孩子的性发展与性关怀》

作者：胡萍

出版社：江苏凤凰科学技术出版社

出版时间：2016年3月

《俄狄浦斯情结——精神分析的重要概念》

作者：【法】J.-D.Nasio 著　张源 译

出版社：中国轻工业出版社

出版时间：2017年1月

《发展心理学》（第九版）

作者：【美】David R.Shaffer&Katherine Kipp 著　邹泓等译

出版社：中国轻工业出版社

出版时间：2017年3月

《为何家会伤人》

作者：武志红

出版社：北京联合出版公司

出版时间：2014年6月

《世界需要父亲》

作者：卡西·卡斯滕斯

出版社：陕西师范大学出版社

出版时间：2017年8月